학습 플래너 … 하고

영어 … 요

___________의 해커스톡 영어회화 10분의 기적 패턴으로 말하기 학습 플래너

나의 목표와 다짐을 적어보세요.

나는 ________________을 하기 위해

__________년 ______월 ______일까지 이 책을 끝낸다!

나의 학습 플랜을 정해보세요.

☐ 20일 완성 (하루에 Day 5개씩)
☐ 50일 완성 (하루에 Day 2개씩)
☐ 100일 완성 (하루에 Day 1개씩)
☐ ____일 완성 (하루에 Day ___개씩)

학습을 마친 Day 번호를 체크해 보세요.

1	2	3	4	5	6	7	8	9	10	11	12	13	14	15	16	17	18	19	20
21	22	23	24	25	26	27	28	29	30	31	32	33	34	35	36	37	38	39	40
41	42	43	44	45	46	47	48	49	50	51	52	53	54	55	56	57	58	59	60
61	62	63	64	65	66	67	68	69	70	71	72	73	74	75	76	77	78	79	80
81	82	83	84	85	86	87	88	89	90	91	92	93	94	95	96	97	98	99	100

영어회화를 공부하는 하루 10분이 더 재밌어지는

해커스톡의 추가 자료 8종

- 교재 해설강의 (팟캐스트 강의 & 해설강의 MP3)
- 모바일 스피킹 훈련 프로그램
- 예문 & 대화문 MP3
- 10분 스피킹 핸드북
- 매일 영어회화 표현
- 오늘의 영어 10문장
- 스피킹 레벨테스트
- 데일리 무료 복습 콘텐츠

팟캐스트 강의는
① 팟빵 사이트(www.Podbbang.com)나 팟빵 어플 혹은 아이폰 Podcast 어플에서 '해커스톡' 검색
② 유튜브 사이트(www.youtube.com)나 유튜브 어플에서 '해커스톡' 검색
③ 네이버TV 사이트(tv.naver.com)나 네이버TV 어플에서 '해커스톡' 검색
④ 네이버 오디오클립 사이트(audioclip.naver.com)나 오디오클립 어플에서 '해커스톡' 검색
⑤ 해커스영어(Hackers.co.kr) 사이트 접속 → 기초영어/회화 탭 → 무료 영어컨텐츠 → 영어회화 10분의 기적 | 팟캐스트

유튜브 무료 해설강의는
유튜브 사이트(www.youtube.com)나 유튜브 어플에서 '해커스톡' 검색

모바일 스피킹 훈련 프로그램은
책의 각 Day에 있는 QR 코드 찍기

예문 & 대화문 MP3 및 교재 해설강의 MP3는
해커스톡(HackersTalk.co.kr) 접속 후 로그인 ▶ 상단의 [무료강의/자료 → 무료 자료/MP3] 클릭

10분 스피킹 핸드북은
본책 안에 수록된 핸드북 보기

매일 영어회화 표현, 오늘의 영어 10문장은
'해커스 ONE' 어플 설치 후 로그인 ▶ [무료학습] ▶
상단의 [오늘의 영어 10 문장] 혹은 [매일 영어회화 학습]에서 이용

스피킹 레벨테스트는
해커스톡(HackersTalk.co.kr) ▶ 상단의 [무료 레벨테스트] 클릭

데일리 무료 복습 콘텐츠는
'밴드' 어플 설치 ▶ 밴드에서 '해커스톡' 검색 후 접속 ▶ 매일 올라오는 무료 복습 콘텐츠 학습

해커스톡 영어회화 10분의 기적

패턴으로 말하기

왕초보영어 탈출
해커스톡

영어회화가 가능해지는

교재 학습법

스마트폰으로 QR 코드를 찍으면,
스텝별로 미국인의 음성을 함께 들으며
스마트한 학습이 가능해요.
패턴에 대한 무료 강의도 제공되니 놓치지 마세요!

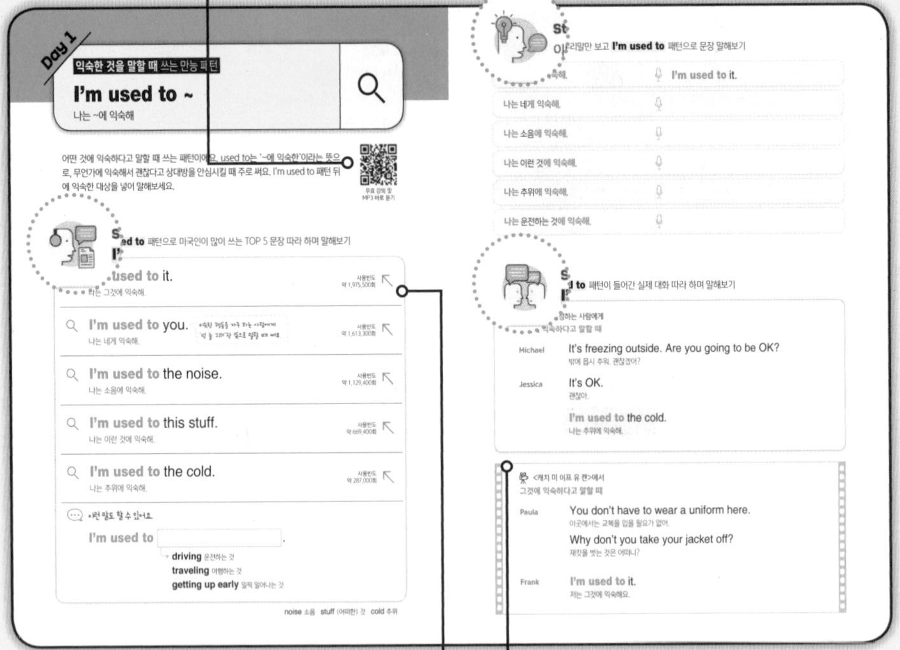

각 문장이
실제로 얼마나 많이 사용되는지
Google 검색 결과로
확인해 보세요.

※ 교재에서 제공하는 사용빈도는
Google에 업데이트되는 내용에
따라 변동될 수 있습니다.

만능 패턴이 들어간
영화와 드라마 속 실제 대화를
확인해 보세요!

해커스톡 영어회화 10분의 기적
패턴으로 말하기

권장 학습시간: 3-4분

Step 1: 문장 따라 하며 말해보기

만능 패턴을 활용한 **미국인이 많이 쓰는 TOP 5 문장**을 따라 하며 말해보세요. **이런 말도 할 수 있어요**에 제공된 유용한 표현을 만능 패턴과 함께 활용해 추가 문장도 연습해 보세요.

스마트폰으로 QR코드를 찍어서 문장을 들으며 따라 말해보세요.

권장 학습시간: 2-3분

Step 2: 우리말만 보고 영어 문장 말해보기

앞에서 연습한 미국인이 많이 쓰는 TOP 5와 추가 문장을 **우리말만 보고** 만능 패턴을 활용해 말해보세요.

스마트폰으로 QR코드를 찍으면 음성을 들으며 문장을 말해보고, 정답을 확인해 볼 수 있어요.

권장 학습시간: 2-3분

Step 3: 실제 대화 따라 하며 말해보기

만능 패턴이 사용된 실제 대화를 따라 하며 말해보세요.

스마트폰으로 QR코드를 찍어서 대화를 들으며 따라 말해보세요. 다시 듣고 싶은 대화를 들어볼 수도 있어요.

언제 어디서나 간편하고 쉽게 패턴으로 말하기 연습하기

미국인이 많이 쓰는 TOP 5 문장으로 구성된 <10분 스피킹 핸드북>을 이용해 언제 어디서나 간편하고 쉽게 패턴으로 말하기를 연습해 보세요.

미국인이 가장 많이 쓰는

만능 패턴 100

I'm / Are you 패턴

I was 패턴

미국인이 가장 많이 쓰는 만능 패턴 100

I have 패턴

Let me 패턴

I want/know 패턴

미국인이 가장 많이 쓰는 만능 패턴 100

I can/could 패턴

I may/might 패턴

I should/must 패턴

표현이 더 풍부해지는 추가 패턴

쉽고! 가볍게! "10분 스피킹 핸드북"
100개의 만능 패턴과 모든 예문을 언제 어디서나 휴대하며 연습할 수 있어요.

생생하고! 스마트하게! "해커스톡 어플"
각 Day별로 제공되는 무료강의와 함께, 실제 미국인이 말해주는 예문과 대화문을 스텝별로 따라 하며 학습할 수 있어요. QR 코드를 통해 접속해보세요.

I'm / Are you 패턴

Day 1
익숙한 것을 말할 때 쓰는 만능 패턴
I'm used to ~ 나는 ~에 익숙해

Day 2
거절하거나 안 좋은 소식을 전할 때 쓰는 만능 패턴
I'm afraid ~ (유감이지만) ~인 것 같아

Day 3
확신이 있는 것에 대해 말할 때 쓰는 만능 패턴
I'm sure ~ ~라고 확신해

Day 4
확신 없는 것에 대해 말할 때 쓰는 만능 패턴
I'm not sure ~ ~인지 잘 모르겠어

Day 5
어떤 일이 확실한지 확인할 때 쓰는 만능 패턴
Are you sure ~? 너 ~인 거 확실해?

Day 6
하고 싶은 말을 분명히 할 때 쓰는 만능 패턴
I'm saying ~ ~라고 말하는 거야

Day 7
오해를 바로잡을 때 쓰는 만능 패턴
I'm not saying ~ ~라고 말하는 게 아니야

Day 8
진행 중인 이야기의 주제를 알려줄 때 쓰는 만능 패턴
I'm (not) talking about ~ ~에 대해 얘기하고 있어/얘기하고 있는 게 아니야

Day 9
진행 중인 이야기의 주제를 확인할 때 쓰는 만능 패턴
Are you talking about ~? 너 ~에 대해 얘기하는 거야?

Day 10
어떤 일을 할 계획인지 물어볼 때 쓰는 만능 패턴
Are you planning to ~? 너 ~할 계획이야?

Day 1

익숙한 것을 말할 때 쓰는 만능 패턴

I'm used to ~

나는 ~에 익숙해

어떤 것에 익숙하다고 말할 때 쓰는 패턴이에요. used to는 '~에 익숙한'이라는 뜻으로, 무언가에 익숙해서 괜찮다고 상대방을 안심시킬 때 주로 써요. I'm used to 패턴 뒤에 익숙한 대상을 넣어 말해보세요.

무료 강의 및 MP3 바로 듣기

Step 1
I'm used to 패턴으로 미국인이 많이 쓰는 TOP 5 문장 따라 하며 말해보기

I'm used to it.
나는 그것에 익숙해.
사용빈도 약 1,975,500회

I'm used to you.
나는 네게 익숙해.
비슷한 행동을 자주 하는 사람에게 '넌 늘 그래'란 뜻으로 말할 때 써요.
사용빈도 약 1,613,300회

I'm used to the noise.
나는 소음에 익숙해.
사용빈도 약 1,129,400회

I'm used to this stuff.
나는 이런 것에 익숙해.
사용빈도 약 669,400회

I'm used to the cold.
나는 추위에 익숙해.
사용빈도 약 287,000회

이런 말도 할 수 있어요.

I'm used to ________.
- **driving** 운전하는 것
- **traveling** 여행하는 것
- **getting up early** 일찍 일어나는 것

noise 소음 stuff (어떠한) 것 cold 추위

Step 2
이번에는 우리말만 보고 **I'm used to** 패턴으로 문장 말해보기

나는 그것에 익숙해.	**I'm used to** it.
나는 네게 익숙해.	
나는 소음에 익숙해.	
나는 이런 것에 익숙해.	
나는 추위에 익숙해.	
나는 운전하는 것에 익숙해.	

Step 3
I'm used to 패턴이 들어간 실제 대화 따라 하며 말해보기

추워서 걱정하는 사람에게
추위에 익숙하다고 말할 때

Michael It's freezing outside. Are you going to be OK?
밖에 몹시 추워. 괜찮겠어?

Jessica It's OK.
괜찮아.

I'm used to the cold.
나는 추위에 익숙해.

<캐치 미 이프 유 캔>에서
그것에 익숙하다고 말할 때

Paula You don't have to wear a uniform here.
이곳에서는 교복을 입을 필요가 없어.

Why don't you take your jacket off?
재킷을 벗는 것은 어떠니?

Frank **I'm used to** it.
저는 그것에 익숙해요.

Day 2

거절하거나 안 좋은 소식을 전할 때 쓰는 만능 패턴

I'm afraid ~

(유감이지만) ~인 것 같아

상대의 요청을 거절하거나 기대에 못 미칠 것 같다는 안 좋은 소식을 공손하게 전달할 때 쓰는 패턴이에요. afraid는 '유감스러운'이라는 의미예요. I'm afraid 패턴 뒤에 거절할 일 또는 안 좋은 소식을 넣어 말해보세요.

무료 강의 및 MP3 바로 듣기

Step 1

I'm afraid 패턴으로 미국인이 많이 쓰는 TOP 5 문장 따라 하며 말해보기

I'm afraid I can't make it.
(유감이지만) 나 참석하지 못할 것 같아.
사용빈도 약 14,073,000회

I'm afraid I can't help you.
(유감이지만) 나 널 도와줄 수 없을 것 같아.
사용빈도 약 1,967,800회

I'm afraid I don't understand.
(유감이지만) 나 이해 못 한 것 같아.
사용빈도 약 1,964,900회

I'm afraid I'll be late.
(유감이지만) 나 늦을 것 같아.
사용빈도 약 1,220,000회

I'm afraid I don't have time.
(유감이지만) 나 시간이 없을 것 같아.
사용빈도 약 381,000회

이런 말도 할 수 있어요.

I'm afraid ______.

I lost it 나는 그것을 잃어버렸다
I have bad news 나쁜 소식이 있다
we're closed 우리는 문을 닫는다

make it 참석하다, 해내다

Step 2
이번에는 우리말만 보고 **I'm afraid** 패턴으로 문장 말해보기

(유감이지만) 나 참석하지 못할 **것 같아.** — **I'm afraid** I can't make it.

(유감이지만) 나 널 도와줄 수 없을 **것 같아.**

(유감이지만) 나 이해 못 한 **것 같아.**

(유감이지만) 나 늦을 **것 같아.**

(유감이지만) 나 시간이 없을 **것 같아.**

(유감이지만) 나 그것을 잃어버린 **것 같아.**

Step 3
I'm afraid 패턴이 들어간 실제 대화 따라 하며 말해보기

파티에 초대하는 사람에게
갈 수 없다고 초대를 거절할 때

Michael: Will you come to my birthday party this Friday?
이번 주 금요일에 내 생일파티에 올래?

Jessica: **I'm afraid** I can't make it.
유감이지만 나 참석하지 못할 것 같아.

My parents will come to visit me.
우리 부모님께서 날 방문하러 오실 거야.

<반지의 제왕: 왕의 귀환>에서
잃어버렸다는 소식을 전할 때

Bilbo: Frodo, have you seen that old ring of mine?
프로도, 네 오래된 반지 봤니?

The one I gave you.
내가 너에게 줬었던 것 말이야.

Frodo: Sorry, **I'm afraid** I lost it.
죄송해요, 유감이지만 저 그것을 잃어버린 것 같아요.

Day 3

확신이 있는 것에 대해 말할 때 쓰는 만능 패턴

I'm sure ~

~라고 확신해

내 추측이 확실하다고 자신감 있게 말할 때 쓰는 패턴이에요. sure은 '확신하는'이라는 의미예요. I'm sure 패턴 뒤에 확신을 가지고 추측하는 일을 넣어 말해보세요.

무료 강의 및 MP3 바로 듣기

Step 1

I'm sure 패턴으로 미국인이 많이 쓰는 TOP 5 문장 따라 하며 말해보기

I'm sure you did a good job.
네가 잘했을 거라고 확신해.
사용빈도 약 102,420,000회

I'm sure you can do it.
네가 그것을 할 수 있을 거라고 확신해.
사용빈도 약 3,230,000회

I'm sure you'll do better next time.
네가 다음번에 더 잘할 거라고 확신해.
사용빈도 약 1,204,001회

I'm sure you'll have fun.
네가 즐거운 시간을 보낼 거라고 확신해.
어떤 일이 재미있을지 몰라 걱정하는 사람에게 확신을 줄 때 써요.
사용빈도 약 1,089,500회

I'm sure things will work out.
모든 일이 잘 풀릴 거라고 확신해.
사용빈도 약 527,600회

이런 말도 할 수 있어요.

I'm sure ______.

- **I'll be fine** 나는 괜찮을 것이다
- **you're right** 네가 옳다
- **he'll call soon** 그가 곧 전화할 것이다

have fun 즐거운 시간을 보내다 work out (일이) 잘 풀리다

Step 2

이번에는 우리말만 보고 **I'm sure** 패턴으로 문장 말해보기

네가 잘했을 거**라고 확신해**.	**I'm sure** you did a good job.
네가 그것을 할 수 있을 거**라고 확신해**.	
네가 다음번에 더 잘할 거**라고 확신해**.	
네가 즐거운 시간을 보낼 거**라고 확신해**.	
모든 일이 잘 풀릴 거**라고 확신해**.	
나는 괜찮을 거**라고 확신해**.	

Step 3

I'm sure 패턴이 들어간 실제 대화 따라 하며 말해보기

취업을 걱정하는 사람에게
할 수 있는 걸 확신한다고 말할 때

Michael I might not get a job.
나 취업 못 할지도 몰라.

Jessica **I'm sure** you can do it.
네가 그것을 할 수 있을 거라고 확신해.

Just believe in yourself.
그냥 너 자신을 믿어 봐.

시험에 떨어진 사람에게
다음엔 더 잘할 걸 확신한다고 말할 때

Daniel I failed my driving test!
나 운전면허 시험 떨어졌어!

Emma Don't worry.
걱정하지마.

I'm sure you'll do better next time.
네가 다음번에 더 잘할 거라고 확신해.

Day 4

확신 없는 것에 대해 말할 때 쓰는 만능 패턴

I'm not sure ~

~인지 잘 모르겠어

어떤 사실이 맞는지 확신할 수 없다고 말할 때 쓰는 패턴이에요. I'm sure 패턴에 not만 붙이면 확실하지 않다고 말하는 것이 돼요. I'm not sure 패턴 뒤에 확신이 없는 일을 넣어 말해보세요.

무료 강의 및 MP3 바로 듣기

Step 1
I'm not sure 패턴으로 미국인이 많이 쓰는 TOP 5 문장 따라 하며 말해보기

I'm not sure we can park here.
우리가 여기에 주차할 수 있는지 잘 모르겠어.
사용빈도 약 57,045,000회

I'm not sure I can do it.
내가 그것을 할 수 있을지 잘 모르겠어.
사용빈도 약 10,950,000회

I'm not sure I understand.
내가 이해한 건지 잘 모르겠어.
사용빈도 약 5,810,000회

I'm not sure it's possible.
그것이 가능한지 잘 모르겠어.
사용빈도 약 3,953,000회

I'm not sure you remember me.
네가 나를 기억하는지 잘 모르겠어.
사용빈도 약 1,044,600회

만난 적이 별로 없거나 오랜만에 만난 사람에게 말을 걸 때 써요.

이런 말도 할 수 있어요.

I'm not sure ______.

- **how to answer that** 그것에 어떻게 답할지
- **this is a good idea** 이것이 좋은 생각이다
- **I have enough time** 내가 시간이 충분히 있다

park 주차하다 possible 가능한

Step 2
이번에는 우리말만 보고 **I'm not sure** 패턴으로 문장 말해보기

우리가 여기에 주차할 수 있는**지 잘 모르겠어.** **I'm not sure** we can park here.

내가 그것을 할 수 있을**지 잘 모르겠어.**

내가 이해한 건**지 잘 모르겠어.**

그것이 가능한**지 잘 모르겠어.**

네가 나를 기억하는**지 잘 모르겠어.**

그것에 어떻게 답할**지 잘 모르겠어.**

Step 3
I'm not sure 패턴이 들어간 실제 대화 따라 하며 말해보기

고급 식당에 가자는 사람에게
갈 수 있는지 확신이 없다고 말할 때

Michael Let's try that fancy restaurant this Friday.
이번 주 금요일에 그 고급 레스토랑에 가보자.

Jessica **I'm not sure** it's possible.
그것이 가능한지 잘 모르겠어.

You usually have to book it a week before.
보통은 한주 전에 예약해야 해.

<그녀 (Her)>에서
어떻게 답해야 할지 확신이 없다고 말할 때

Theodore Hey, I just want to know how you are.
저기, 나는 그냥 네가 어떻게 지내고 있는지 알고 싶어.

Samantha Um, **I'm not sure** how to answer that.
음, 그것에 어떻게 답할지 잘 모르겠어.

Day 5

어떤 일이 확실한지 확인할 때 쓰는 만능 패턴

Are you sure ~?

너 ~인 거 확실해?

어떤 일이 진짜 사실인지 상대에게 한 번 더 확인할 때 쓰는 패턴이에요. I'm sure 패턴에서 I'm을 Are you로 바꾸기만 하면 상대에게 어떤 것이 확실한지 확인하는 의미가 돼요. Are you sure 패턴 뒤에 확실한지 확인하고 싶은 일을 넣어 말해보세요.

무료 강의 및 MP3 바로 듣기

Step 1

Are you sure 패턴으로 미국인이 많이 쓰는 TOP 5 문장 따라 하며 말해보기

Are you sure you want to know?
너 알고 싶은 거 확실해?
사용빈도 약 37,535,000회

Are you sure you want to go?
너 가고 싶은 거 확실해?
사용빈도 약 8,783,000회

Are you sure you can do this?
너 이거 할 수 있는 거 확실해?
사용빈도 약 4,627,000회

Are you sure you want to quit?
너 그만두고 싶은 거 확실해?
사용빈도 약 2,732,800회

Are you sure you don't want any?
너 하나도 원하지 않는 거 확실해?
사용빈도 약 1,030,200회

이런 말도 할 수 있어요.

Are you sure ______ ?

- **it'll work** 그것이 효과가 있을 것이다
- **you don't mind** 신경 쓰지 않는다
- **you're OK** 괜찮다

quit 그만두다 work 효과가 있다 mind 신경 쓰다

Step 2
이번에는 우리말만 보고 **Are you sure** 패턴으로 문장 말해보기

너 알고 싶은 **거 확실해**?	**Are you sure** you want to know?
너 가고 싶은 **거 확실해**?	
너 이거 할 수 있는 **거 확실해**?	
너 그만두고 싶은 **거 확실해**?	
너 하나도 원하지 않는 **거 확실해**?	
너 그것이 효과가 있을 **거 확실해**?	

Step 3
Are you sure 패턴이 들어간 실제 대화 따라 하며 말해보기

안 먹겠다는 사람에게
하나도 원하지 않는 게 확실한지 확인할 때

Michael We have more snacks.
우리 간식 더 있어.

Are you sure you don't want any?
너 하나도 원하지 않는 거 확실해?

Jessica I'm full. Thanks.
나 배불러. 고마워.

<화이트 칙스>에서
효과가 있는 게 확실한지 확인할 때

Kevin **Are you sure** it'll work?
너 그것이 효과가 있을 거 확실해?

Marcus Just trust me.
나만 믿어.

Follow my lead.
내 지시만 따라와.

Day 6

하고 싶은 말을 분명히 할 때 쓰는 만능 패턴

I'm saying ~

~라고 말하는 거야

내 말의 의도를 명확하게 하거나, 상대가 내 말을 못 알아들었을 때 쓰는 패턴이에요. '말하다'라는 뜻의 say를 써서 "내가 지금 말하고 있는 건 이런 뜻이야."라고 분명히 해 주는 거예요. I'm saying 패턴 뒤에 명확하게 전달하고 싶은 말을 넣어 말해보세요.

무료 강의 및 MP3 바로 듣기

Step 1

I'm saying 패턴으로 미국인이 많이 쓰는 TOP 5 문장 따라 하며 말해보기

I'm saying I'm sorry.
미안하다고 말하는 거야.
사용빈도 약 1,945,800회

I'm saying I love you.
널 사랑한다고 말하는 거야.
사용빈도 약 1,944,100회

I'm saying it's not true.
그것은 사실이 아니라고 말하는 거야.
사용빈도 약 926,001회

I'm saying I like it.
그걸 좋아한다고 말하는 거야.
사용빈도 약 601,000회

I'm saying I don't understand.
이해할 수 없다고 말하는 거야.
사용빈도 약 457,500회

이런 말도 할 수 있어요.

I'm saying ________.
- **it's my fault** 내 잘못이다
- **I need help** 도움이 필요하다
- **it takes too long** 너무 오래 걸린다

true 사실인 fault 잘못

Step 2
이번에는 우리말만 보고 **I'm saying** 패턴으로 문장 말해보기

미안하다고 말하는 거야.	**I'm saying** I'm sorry.
널 사랑한다고 말하는 거야.	
그것은 사실이 아니라고 말하는 거야.	
그걸 좋아한다고 말하는 거야.	
이해할 수 없다고 말하는 거야.	
내 잘못이라고 말하는 거야.	

Step 3
I'm saying 패턴이 들어간 실제 대화 따라 하며 말해보기

내 마음을 몰라주는 사람에게
사랑한다는 말이란 걸 분명히 할 때

Michael What are you trying to say?
너 무슨 말을 하려는 거야?
I don't understand.
나 이해가 안 돼.

Jessica **I'm saying** I love you.
널 사랑한다고 말하는 거야.

내 말을 다르게 이해한 사람에게
이해 못 했다는 말을 분명히 할 때

Daniel You don't like my idea, do you?
너 내 아이디어 마음에 안 들지, 그렇지?

Emma **I'm saying** I don't understand.
이해할 수 없다고 말하는 거야.
It's just too complex.
그것은 그냥 너무 복잡해.

Day 7

오해를 바로잡을 때 쓰는 만능 패턴

I'm not saying ~

~라고 말하는 게 아니야

상대가 내 말을 오해했을 때 내 말의 의도를 명확하게 하기 위해 쓰는 패턴이에요. I'm saying 패턴에 not만 붙이면 "내가 지금 말하고 있는 건 그런 뜻이 아니야."라고 분명히 해주는 것이 돼요. I'm not saying 패턴 뒤에 상대가 오해한 말을 넣어 말해보세요.

무료 강의 및 MP3 바로 듣기

Step 1

I'm not saying 패턴으로 미국인이 많이 쓰는 TOP 5 문장 따라 하며 말해보기

I'm not saying you should leave.
네가 떠나야 한다고 말하는 게 아니야.
사용빈도 약 2,266,000회

I'm not saying it'll be easy.
그것이 쉬울 거라고 말하는 게 아니야.
사용빈도 약 1,043,200회

I'm not saying I hate you.
내가 널 미워한다고 말하는 게 아니야.
사용빈도 약 987,900회

I'm not saying this is perfect.
이것이 완벽하다고 말하는 게 아니야.
사용빈도 약 252,750회

I'm not saying I'm always right.
내가 항상 옳다고 말하는 게 아니야.
사용빈도 약 193,100회

이런 말도 할 수 있어요.

I'm not saying ______.

- **we shouldn't go** 우리가 가면 안 된다
- **it's over** 끝났다
- **you're wrong** 네가 틀렸다

leave 떠나다 hate 미워하다

Step 2

이번에는 우리말만 보고 **I'm not saying** 패턴으로 문장 말해보기

네가 떠나야 한**다고 말하는 게 아니야.**	**I'm not saying** you should leave.
그것이 쉬울 거**라고 말하는 게 아니야.**	
내가 널 미워한**다고 말하는 게 아니야.**	
이것이 완벽하**다고 말하는 게 아니야.**	
내가 항상 옳**다고 말하는 게 아니야.**	
우리가 가면 안 된**다고 말하는 게 아니야.**	

Step 3

I'm not saying 패턴이 들어간 실제 대화 따라 하며 말해보기

내 말을 오해한 사람에게
떠나길 바란다는 오해를 바로잡을 때

Michael Do I have to go now?
나 지금 가야 해?

Jessica No! **I'm not saying** you should leave.
아니! 네가 떠나야 한다고 말하는 게 아니야.

헤어지고 싶은 연인에게
미워하는 거라는 오해를 바로잡을 때

Daniel **I'm not saying** I hate you.
내가 널 미워한다고 말하는 게 아니야.

I just don't love you anymore.
널 더 이상 사랑하지 않을 뿐이야.

Emma What happened? Did I do something wrong?
무슨 일이야? 내가 뭐 잘못했어?

Day 8

진행 중인 이야기의 주제를 알려줄 때 쓰는 만능 패턴

I'm (not) talking about ~

~에 대해 얘기하고 있어/얘기하고 있는 게 아니야

상대가 진행 중인 이야기의 주제를 모르거나 잘못 알고 있어서 알려줄 때 쓰는 패턴이에요. '~에 대해 얘기하다'라는 뜻의 talk about을 써서 "나는 지금 ~에 대해 얘기하는 중이야/얘기하는 중이 아니야."라고 분명히 해주는 거예요. I'm (not) talking about 패턴 뒤에 진행 중인 이야기의 주제를 넣어 말해보세요.

무료 강의 및 MP3 바로 듣기

Step 1

I'm (not) talking about 패턴으로 미국인이 많이 쓰는 TOP 5 문장 따라 하며 말해보기

I'm not talking about you.
너에 대해 얘기하고 있는 게 아니야.
사용빈도 약 4,011,100회

I'm talking about my boyfriend.
내 남자친구에 대해 얘기하고 있어.
사용빈도 약 2,388,600회

I'm talking about a TV show.
텔레비전 프로그램에 대해 얘기하고 있어.
사용빈도 약 1,168,003회

I'm talking about my friend.
내 친구에 대해 얘기하고 있어.
사용빈도 약 1,125,100회

I'm not talking about your appearance.
네 외모에 대해 얘기하고 있는 게 아니야.
사용빈도 약 163,600회

이런 말도 할 수 있어요.

I'm (not) talking about ______.

- **this weekend** 이번 주말
- **my new pet** 내 새로운 애완동물
- **going on a trip** 여행을 가는 것

appearance 외모

Step 2
이번에는 우리말만 보고 **I'm (not) talking about** 패턴으로 문장 말해보기

너에 대해 얘기하고 있는 게 아니야.	**I'm not talking about** you.
내 남자친구에 대해 얘기하고 있어.	
텔레비전 프로그램에 대해 얘기하고 있어.	
내 친구에 대해 얘기하고 있어.	
네 외모에 대해 얘기하고 있는 게 아니야.	
이번 주말에 대해 얘기하고 있어.	

Step 3
I'm (not) talking about 패턴이 들어간 실제 대화 따라 하며 말해보기

자기 이야기라고 잘못 알고 있는 사람에게
그에 대한 이야기가 아닌 것을 알려줄 때

Michael Why are you talking behind my back?
너는 왜 내 뒤에서 얘기해?

Jessica **I'm not talking about** you.
너에 대해 얘기하고 있는 게 아니야.

Don't worry.
걱정 마.

지금 이야기의 주제를 모르는 사람에게
친구에 대한 이야기인 것을 알려줄 때

Daniel Who are you talking about?
너 누구에 대해 얘기하는 거야?

Emma **I'm talking about** my friend.
내 친구에 대해 얘기하고 있어.

He's a dad now.
그는 이제 아빠야.

Day 9

진행 중인 이야기의 주제를 확인할 때 쓰는 만능 패턴

Are you talking about ~?

너 ~에 대해 얘기하는 거야?

진행 중인 이야기의 주제가 내가 생각하는 것이 맞는지 확인하고 싶을 때 쓰는 패턴이에요. I'm talking about 패턴에서 I'm을 Are you로 바꾸기만 하면 상대가 지금 어떤 것에 대해 말하고 있는 게 맞는지 확인하는 의미가 돼요. Are you talking about 패턴 뒤에 확인하고 싶은 이야기의 주제를 넣어 말해보세요.

무료 강의 및 MP3 바로 듣기

Step 1

Are you talking about 패턴으로 미국인이 많이 쓰는 TOP 5 문장 따라 하며 말해보기

Are you talking about the book?
너 그 책에 대해 얘기하는 거야?
사용빈도 약 2,461,903회

Are you talking about us?
너 우리에 대해 얘기하는 거야?
사용빈도 약 1,040,000회

Are you talking about the movie?
너 그 영화에 대해 얘기하는 거야?
사용빈도 약 801,100회

Are you talking about me?
너 나에 대해 얘기하는 거야?
사용빈도 약 720,100회

Are you talking about my friend?
너 내 친구에 대해 얘기하는 거야?
사용빈도 약 470,000회

이런 말도 할 수 있어요.

Are you talking about ______?

- **yesterday** 어제
- **your job** 너의 일
- **the homework** 그 숙제

Step 2
이번에는 우리말만 보고 **Are you talking about** 패턴으로 문장 말해보기

너 그 책에 대해 얘기하는 거야? **Are you talking about** the book?

너 우리에 대해 얘기하는 거야?

너 그 영화에 대해 얘기하는 거야?

너 나에 대해 얘기하는 거야?

너 내 친구에 대해 얘기하는 거야?

너 어제에 대해 얘기하는 거야?

Step 3
Are you talking about 패턴이 들어간 실제 대화 따라 하며 말해보기

즐거웠다고 말하는 사람에게
어제에 대한 이야기인지 확인할 때

Michael It was really fun.
정말 재밌었어.

Jessica **Are you talking about** yesterday?
너 어제에 대해 얘기하는 거야?

I enjoyed it too.
나도 즐거웠어.

<오피스 시즌 5>에서
자신들에 대한 이야기인지 확인할 때

Michael Dwight, **are you talking about** us?
Dwight, 너 우리에 대해 얘기하는 거야?

Dwight It is possible.
가능성이 있죠.

It can be us.
우리 얘기일 수도 있죠.

Day 10

어떤 일을 할 계획인지 물어볼 때 쓰는 만능 패턴

Are you planning to ~?

너 ~할 계획이야?

상대가 어떤 일을 할지 안 할지 구체적으로 정했는지 물어볼 때 쓰는 패턴이에요. plan은 '계획하다'라는 의미예요. Are you planning to 패턴 뒤에 상대가 할 계획이 있는지 없는지 물어보고 싶은 일을 넣어 말해보세요.

무료 강의 및 MP3 바로 듣기

Step 1

Are you planning to 패턴으로 미국인이 많이 쓰는 TOP 5 문장 따라 하며 말해보기

Are you planning to come back?
너 돌아올 계획이야?
사용빈도 약 2,510,000회

Are you planning to stay?
너 머무를 계획이야?
사용빈도 약 842,800회

Are you planning to travel?
너 여행할 계획이야?
사용빈도 약 692,800회

Are you planning to come here?
너 여기 올 계획이야?
사용빈도 약 497,600회

Are you planning to rent a car?
너 차를 빌릴 계획이야?
사용빈도 약 170,500회

이런 말도 할 수 있어요.

Are you planning to ______?

- **invite us** 우리를 초대하다
- **move** 이사하다
- **live here** 여기에 살다

come back 돌아오다 rent 빌리다 invite 초대하다

Step 2

이번에는 우리말만 보고 **Are you planning to** 패턴으로 문장 말해보기

너 돌아올 계획이야?	**Are you planning to** come back?
너 머무를 계획이야?	
너 여행할 계획이야?	
너 여기 올 계획이야?	
너 차를 빌릴 계획이야?	
너 우리를 초대할 계획이야?	

Step 3

Are you planning to 패턴이 들어간 실제 대화 따라 하며 말해보기

떠나는 사람에게
돌아올 계획인지 물어볼 때

Michael When will you leave tomorrow?
내일 언제 떠날 거야?

Are you planning to come back?
너 돌아올 계획이야?

Jessica I don't know yet.
아직 잘 모르겠어.

<프렌즈 시즌 4>에서
초대할 계획인지 물어볼 때

Joey We're going to have a big party tomorrow night.
우리 내일 밤에 아주 크게 파티를 할 거야.

Rachel Wow! **Are you planning to** invite us?
와우! 너 우리를 초대할 계획이야?

I was 패턴

Day 11
과거에 있었던 나의 변화를 말할 때 쓰는 만능 패턴
I was no longer ~ 나 더 이상 ~가 아니었어 / ~이지 않았어

Day 12
요청받은 일을 말할 때 쓰는 만능 패턴
I was asked to ~ 나 ~해 달라고 요청받았어

Day 13
하기로 했었는데 못한 일을 말할 때 쓰는 만능 패턴
I was supposed to ~ 나 ~하기로 되어 있었어

Day 14
하면 안 되는 일을 했다고 말할 때 쓰는 만능 패턴
I wasn't supposed to ~ 나 ~하면 안 되는 거였어

Day 15
과거에 고려했던 일을 말할 때 쓰는 만능 패턴
I was thinking about ~ 나 ~할까 생각했어

Day 16
지금과 다르면 좋겠다는 바람을 말할 때 쓰는 만능 패턴
I wish I were ~ 내가 ~라면 좋겠어

Day 11

과거에 있었던 나의 변화를 말할 때 쓰는 만능 패턴

I was no longer ~

나 더 이상 ~가 아니었어 / ~이지 않았어

더 이상은 어떠하지 않게 나의 상태가 변화했다고 말할 때 쓰는 패턴이에요. no longer은 '더 이상 ~하지 않은'이라는 의미예요. I was no longer 패턴 뒤에 과거에 있었던 변화를 넣어 말해보세요.

무료 강의 및 MP3 바로 듣기

Step 1
I was no longer 패턴으로 미국인이 많이 쓰는 TOP 5 문장 따라 하며 말해보기

I was no longer a child.
나 더 이상 어린애가 아니었어.
사용빈도 약 1,348,800회

I was no longer there.
나 더 이상 그곳에 있지 않았어.
사용빈도 약 434,750회

I was no longer working.
나 더 이상 일하고 있지 않았어.
사용빈도 약 244,700회

I was no longer interested.
나 더 이상 관심 있지 않았어.
사용빈도 약 183,400회

I was no longer sure.
나 더 이상 확신이 있지 않았어.
사용빈도 약 171,650회

이런 말도 할 수 있어요.

I was no longer ______.

alone 혼자인
afraid 두려운
popular 인기 있는

interested 관심 있는

Step 2
이번에는 우리말만 보고 **I was no longer** 패턴으로 문장 말해보기

나 더 이상 어린애가 아니었어.	**I was no longer** a child.
나 더 이상 그곳에 있지 않았어.	
나 더 이상 일하고 있지 않았어.	
나 더 이상 관심 있지 않았어.	
나 더 이상 확신이 있지 않았어.	
나 더 이상 혼자가 아니었어.	

Step 3
I was no longer 패턴이 들어간 실제 대화 따라 하며 말해보기

면접에 대해 묻는 사람에게
더 이상 관심 있지 않게 변화했다고 말할 때

Michael How did the interview go today?
오늘 면접 어땠어?

Jessica I didn't go.
안 갔어.

I was no longer interested.
나 더 이상 관심 있지 않았어.

사업을 그만둔 이유를 묻는 사람에게
더 이상 확신하지 않게 변화했다고 말할 때

Daniel Why did you close your business?
너 왜 사업을 그만뒀어?

Emma **I was no longer** sure.
나 더 이상 확신이 있지 않았어.

The market changes too fast.
시장이 너무 빨리 변해.

Day 12

요청받은 일을 말할 때 쓰는 만능 패턴

I was asked to ~

나 ~해 달라고 요청받았어

어떤 일을 해줄 것을 요청받았다고 말할 때 쓰는 패턴이에요. '요청하다'라는 뜻의 ask를 was asked로 쓰면 '요청받았다'라는 의미가 돼요. I was asked to 패턴 뒤에 요청받은 일을 넣어 말해보세요.

무료 강의 및 MP3 바로 듣기

Step 1

I was asked to 패턴으로 미국인이 많이 쓰는 TOP 5 문장 따라 하며 말해보기

I was asked to do it.
나 그것을 해 달라고 요청받았어.
사용빈도 약 8,579,000회

I was asked to meet.
나 만나 달라고 요청받았어.
사용빈도 약 8,152,000회

I was asked to leave.
나 떠나 달라고 요청받았어.
사용빈도 약 6,814,000회

I was asked to make a speech.
나 연설해 달라고 요청받았어.
사용빈도 약 1,673,200회

I was asked to help out.
나 도와달라고 요청받았어.
사용빈도 약 368,900회

이런 말도 할 수 있어요.

I was asked to ______.

- **contact you** 너에게 연락하다
- **come early** 일찍 오다
- **wait here** 이곳에서 기다리다

make a speech 연설하다 help out 돕다 contact 연락하다

Step 2
이번에는 우리말만 보고 **I was asked to** 패턴으로 문장 말해보기

나 그것을 해 **달라고 요청받았어.**	**I was asked to** do it.
나 만나 **달라고 요청받았어.**	
나 떠나 **달라고 요청받았어.**	
나 연설해 **달라고 요청받았어.**	
나 도와**달라고 요청받았어.**	
나 너에게 연락해 **달라고 요청받았어.**	

Step 3
I was asked to 패턴이 들어간 실제 대화 따라 하며 말해보기

주문한 이유에 대해 묻는 사람에게
주문을 요청받았다고 말할 때

Michael　Why did you order new monitors?
왜 새 모니터를 주문했어?

Jessica　**I was asked to** do it.
나 그것을 해 달라고 요청받았어.

The manager was busy.
매니저가 바빴어.

다른 친구 결혼식에 대해 묻는 사람에게
연설을 요청받았다고 말할 때

Daniel　Are you going to go to Jessica's wedding?
너 제시카 결혼식에 갈 거야?

Emma　Yes. **I was asked to** make a speech.
응. 나 연설해 달라고 요청받았어.

I'm really nervous.
진짜 떨린다.

Day 13

하기로 했었는데 못한 일을 말할 때 쓰는 만능 패턴

I was supposed to ~

나 ~하기로 되어 있었어

어떤 일을 하기로 예정되어 있었는데 결국 하지 못했다고 말할 때 쓰는 패턴이에요. was supposed to는 '~을 하기로 되어 있었다'라는 의미예요. I was supposed to 패턴 뒤에 하기로 했었는데 못한 일을 넣어 말해보세요.

무료 강의 및
MP3 바로 듣기

Step 1
I was supposed to 패턴으로 미국인이 많이 쓰는 TOP 5 문장 따라 하며 말해보기

I was supposed to go to the movies.
나 영화를 보러 가기로 되어 있었어.
사용빈도 약 5,197,200회

I was supposed to be here.
나 여기 있기로 되어 있었어.
사용빈도 약 2,127,000회

I was supposed to call you.
나 네게 전화하기로 되어 있었어.
사용빈도 약 1,429,500회

I was supposed to go first.
나 먼저 가기로 되어 있었어.
사용빈도 약 485,700회

I was supposed to meet someone.
나 누군가를 만나기로 되어 있었어.
사용빈도 약 173,000회

이런 말도 할 수 있어요.

I was supposed to ______.

work today 오늘 일하다
send an email 이메일을 보내다
get off here 이곳에서 내리다

go to the movies 영화를 보러 가다 get off 내리다

Step 2

이번에는 우리말만 보고 **I was supposed to** 패턴으로 문장 말해보기

나 영화를 보러 가기로 되어 있었어. — **I was supposed to** go to the movies.

나 여기 있기로 되어 있었어.

나 네게 전화하기로 되어 있었어.

나 먼저 가기로 되어 있었어.

나 누군가를 만나기로 되어 있었어.

나 오늘 일하기로 되어 있었어.

Step 3

I was supposed to 패턴이 들어간 실제 대화 따라 하며 말해보기

어제 한 일에 대해 묻는 사람에게
영화를 보기로 했으나 못 봤다고 말할 때

Michael: What did you do yesterday?
너 어제 뭐 했어?

Jessica: **I was supposed to** go to the movies.
나 영화를 보러 가기로 되어 있었어.

But I stayed home because my friend canceled.
근데 친구가 취소해서 집에 있었어.

<시애틀의 잠 못 이루는 밤>에서
누군가 만나기로 했으나 못 만났다고 말할 때

Information: We're closing. No more movies tonight.
저희 이제 문 닫아요. 오늘 밤엔 더 이상 영화가 없어요.

Annie: Can I just take a look?
한 번만 봐도 될까요?

I was supposed to meet someone.
저 누군가를 만나기로 되어 있었어요.

Day 14

하면 안 되는 일을 했다고 말할 때 쓰는 만능 패턴

I wasn't supposed to ~

나 ~하면 안 되는 거였어

해서는 안 되는 일을 해버린 것을 후회하면서 말할 때 쓰는 패턴이에요. I was supposed to 패턴에 not만 붙이면, 하면 안 되는 일을 해버렸다는 의미가 돼요. I wasn't supposed to 패턴 뒤에 해서는 안 됐던 일을 넣어 말해보세요.

무료 강의 및 MP3 바로 듣기

Step 1

I wasn't supposed to 패턴으로 미국인이 많이 쓰는 TOP 5 문장 따라 하며 말해보기

I wasn't supposed to do that.
나 그렇게 하면 안 되는 거였어.
사용빈도 약 1,558,700회

I wasn't supposed to tell.
나 말하면 안 되는 거였어.
사용빈도 약 1,306,400회

I wasn't supposed to know about it.
나 그것에 대해 알면 안 되는 거였어.
사용빈도 약 1,078,005회

I wasn't supposed to be there.
나 거기 있으면 안 되는 거였어.
사용빈도 약 335,000회

I wasn't supposed to see this.
나 이거 보면 안 되는 거였어.
사용빈도 약 223,602회

이런 말도 할 수 있어요.

I wasn't supposed to ________.

- **go out tonight** 오늘 밤에 나가다
- **leave early** 일찍 떠나다
- **eat so much** 너무 많이 먹다

go out 나가다

Step 2
이번에는 우리말만 보고 **I wasn't supposed to** 패턴으로 문장 말해보기

나 그렇게 하면 안 되는 거였어.	**I wasn't supposed to** do that.
나 말하면 안 되는 거였어.	
나 그것에 대해 알면 안 되는 거였어.	
나 거기 있으면 안 되는 거였어.	
나 이거 보면 안 되는 거였어.	
나 오늘 밤에 나가면 안 되는 거였어.	

Step 3
I wasn't supposed to 패턴이 들어간 실제 대화 따라 하며 말해보기

내가 비밀을 말해서 알게 된 사람에게
그렇게 하면 안 되는 일을 해버렸다고 말할 때

Michael　Why did you tell me about the surprise party?
너 왜 나한테 깜짝 파티에 대해 말했어?

Jessica　Sorry, **I wasn't supposed to** do that.
미안해, 나 그렇게 하면 안 되는 거였어.

<토이 스토리 2>에서
있으면 안 되는 곳에 있었다고 말할 때

Prospector　Why were you in a yard?
너 왜 마당에 있었어?

Woody　Well, **I wasn't supposed to** be there.
음, 저는 거기 있으면 안 되는 거였어요.

Day 15

과거에 고려했던 일을 말할 때 쓰는 만능 패턴

I was thinking about ~

나 ~할까 생각했어

과거에 실행에 옮기는 것을 고려했던 일을 말할 때 쓰는 패턴이에요. 어떤 일을 하려고 했었지만 아직까지 하지 않은 일을 말할 때 주로 써요. I was thinking about 패턴 뒤에 하려고 고려했던 일을 넣어 말해보세요.

무료 강의 및 MP3 바로 듣기

Step 1

I was thinking about 패턴으로 미국인이 많이 쓰는 TOP 5 문장 따라 하며 말해보기

I was thinking about telling you.
나 네게 말할까 생각했어.
사용빈도 약 1,677,000회

I was thinking about going back.
나 돌아갈까 생각했어.
사용빈도 약 168,200회

I was thinking about going out.
나 외출할까 생각했어.
사용빈도 약 141,700회

I was thinking about moving away.
나 이사 갈까 생각했어.
사용빈도 약 125,660회

I was thinking about going to bed.
나 자러 갈까 생각했어.
사용빈도 약 123,000회

이런 말도 할 수 있어요.

I was thinking about ________.

- **starting a diet** 다이어트를 시작하는 것
- **calling you** 너에게 전화하는 것
- **quitting my job** 직장을 그만두는 것

go back 돌아가다 move away 이사 가다

Step 2
이번에는 우리말만 보고 **I was thinking about** 패턴으로 문장 말해보기

나 네게 말할까 생각했어. **I was thinking about** telling you.

나 돌아갈까 생각했어.

나 외출할까 생각했어.

나 이사 갈까 생각했어.

나 자러 갈까 생각했어.

나 다이어트를 시작할까 생각했어.

Step 3
I was thinking about 패턴이 들어간 실제 대화 따라 하며 말해보기

떠나는 줄 몰랐던 사람에게
말하려고 했었다고 말할 때

Michael I didn't know you were going to leave.
네가 떠나는 줄 몰랐어.

Jessica Sorry. **I was thinking about** telling you.
미안. 나 네게 말할까 생각했어.

But I haven't had a chance.
근데 기회가 없었어.

예전에 살았던 곳에 대해 묻는 사람에게
돌아가려고 했었다고 말할 때

Daniel Did you live in Germany?
너 독일에서 살았어?

Emma Yes, I lived there for a long time.
응, 그곳에서 오랫동안 살았어.

I was thinking about going back.
나 돌아갈까 생각했어.

Day 16

지금과 다르면 좋겠다는 바람을 말할 때 쓰는 만능 패턴

I wish I were ~

내가 ~라면 좋겠어

내가 지금과는 다르면 좋겠다는 바람을 말할 때 쓰는 패턴이에요. 여기서 바람은 실현되기 매우 어렵거나 불가능하다고 생각되는 일이에요. I wish I were 패턴 뒤에 지금과는 다르게 되고 싶다는 바람을 넣어 말해보세요.

무료 강의 및 MP3 바로 듣기

Step 1

I wish I were 패턴으로 미국인이 많이 쓰는 TOP 5 문장 따라 하며 말해보기

I wish I were you.
내가 너라면 좋겠어.
사용빈도 약 1,814,100회

I wish I were in love.
내가 사랑에 빠졌다면 좋겠어.
사용빈도 약 727,300회

I wish I were in New York.
내가 뉴욕에 있다면 좋겠어.
사용빈도 약 694,700회

I wish I were a bird.
내가 새라면 좋겠어.
사용빈도 약 455,400회

I wish I were there.
내가 거기 있다면 좋겠어.
사용빈도 약 447,100회

이런 말도 할 수 있어요.

I wish I were ______.

- **with you** 너와 함께
- **rich** 부자인
- **on vacation** 휴가 중인

vacation 휴가

Step 2
이번에는 우리말만 보고 **I wish I were** 패턴으로 문장 말해보기

내가 너라면 좋겠어.	**I wish I were** you.
내가 사랑에 빠졌다면 좋겠어.	
내가 뉴욕에 있다면 좋겠어.	
내가 새라면 좋겠어.	
내가 거기 있다면 좋겠어.	
내가 너와 함께라면 좋겠어.	

Step 3
I wish I were 패턴이 들어간 실제 대화 따라 하며 말해보기

부러운 사람에게
내가 너라면 좋겠다고 말할 때

Michael **I wish I were** you.
내가 너라면 좋겠어.

Jessica Don't say that.
그런 말 하지 마.

I have a lot of problems.
나는 문제가 많아.

좋은 곳에 있는 사람에게
내가 거기 있으면 좋겠다고 말할 때

Daniel The weather is really nice here.
이곳은 날씨가 정말 좋아.

Emma It's raining here.
이곳은 비가 오고 있어.

I wish I were there.
내가 거기 있다면 좋겠어.

왕초보영어 탈출
해커스톡
HackersTalk.co.kr

It's / That's / This is 패턴

Day 17
어떤 일을 하는 것이 중요하다고 말할 때 쓰는 만능 패턴
It's important to ~ ~하는 것은 중요해

Day 18
무엇이 중요한지 짚어서 말할 때 쓰는 만능 패턴
It's about how ~ 어떻게/얼마나 ~하는지가 중요해

Day 19
어떤 일을 하기엔 늦었었다고 말할 때 쓰는 만능 패턴
It was too late to ~ ~하기엔 너무 늦었었어

Day 20
가능성이 있는 일을 말할 때 쓰는 만능 패턴
It's possible ~ ~일 가능성이 있어

Day 21
이유를 말할 때 쓰는 만능 패턴
That's because ~ 그것은 ~ 때문이야

Day 22
처음인 일을 말할 때 쓰는 만능 패턴
This is the first ~ 이번/이것이 처음 ~야

Day 23
여러 가지 어떤 것 중에 하나라고 말할 때 쓰는 만능 패턴
This is one of ~ 이것은 ~ 중에 하나야

Day 17

어떤 일을 하는 것이 중요하다고 말할 때 쓰는 만능 패턴

It's important to ~

~하는 것은 중요해

어떤 일을 하는 것이 중요하다고 말할 때 쓰는 패턴이에요. important는 '중요한'이라는 의미예요. It's important to 패턴 뒤에 중요하게 할 일을 넣어 말해보세요.

무료 강의 및 MP3 바로 듣기

Step 1

It's important to 패턴으로 미국인이 많이 쓰는 TOP 5 문장 따라 하며 말해보기

It's important to remember.
기억하는 것은 중요해.
사용빈도 약 11,321,000회

It's important to practice.
연습하는 것은 중요해.
사용빈도 약 2,274,000회

It's important to forgive.
용서하는 것은 중요해.
사용빈도 약 1,426,300회

It's important to keep trying.
계속 시도하는 것은 중요해.
사용빈도 약 1,391,800회

It's important to ask questions.
질문하는 것은 중요해.
사용빈도 약 1,068,000회

이런 말도 할 수 있어요.

It's important to ________.

- **vote** 투표하다
- **save money** 돈을 절약하다
- **eat healthy food** 건강한 음식을 먹다

practice 연습하다 forgive 용서하다

Step 2
이번에는 우리말만 보고 **It's important to** 패턴으로 문장 말해보기

기억하는 것은 중요해. — **It's important to** remember.

연습하는 것은 중요해.

용서하는 것은 중요해.

계속 시도하는 것은 중요해.

질문하는 것은 중요해.

투표하는 것은 중요해.

Step 3
It's important to 패턴이 들어간 실제 대화 따라 하며 말해보기

포기하려는 사람에게
계속 노력하는 것이 중요하다고 말할 때

Michael I'm so tired. I want to give up.
나 너무 피곤해. 포기하고 싶어.

Jessica **It's important to** keep trying.
계속 시도하는 것은 중요해.

Keep going!
계속해봐!

조언을 구하는 사람에게
질문하는 것이 중요하다고 말할 때

Daniel Do you have any advice for my job interview?
내 면접에 대해 조언해 줄 거 있어?

Emma **It's important to** ask questions.
질문하는 것은 중요해.

It shows your interest.
그건 너의 관심을 보여주는 거야.

Day 18

무엇이 중요한지 짚어서 말할 때 쓰는 만능 패턴

It's about how ~

어떻게/얼마나 ~하는지가 중요해

상대에게 현재의 상황에서 중요한 것이 무엇인지 말할 때 쓰는 패턴이에요. It's about how를 그대로 해석하면 "그것은 어떻게/얼마나 ~하는 것에 대한 거야."라는 뜻으로, 당면한 상황에서 중요한 것이 무엇인지 짚어서 말하는 것이 돼요. It's about how 패턴 뒤에 지금 중요한 것을 넣어 말해보세요.

무료 강의 및 MP3 바로 듣기

Step 1

It's about how 패턴으로 미국인이 많이 쓰는 TOP 5 문장 따라 하며 말해보기

It's about how you feel.
어떻게 네가 느끼는지가 중요해.
사용빈도 약 3,280,000회

It's about how good you are.
얼마나 네가 잘하는지가 중요해.
사용빈도 약 2,585,800회

It's about how you say it.
어떻게 네가 그것을 말하는지가 중요해.
사용빈도 약 2,480,000회

It's about how we do it.
어떻게 우리가 그것을 하는지가 중요해.
사용빈도 약 1,756,000회

It's about how you react.
어떻게 네가 반응하는지가 중요해.
사용빈도 약 523,200회

이런 말도 할 수 있어요.

It's about how ________.

you behaved 네가 행동했다
you think 네가 생각하다
you've changed 네가 변했다

react 반응하다, 대응하다 behave 행동하다

Step 2
이번에는 우리말만 보고 **It's about how** 패턴으로 문장 말해보기

어떻게 네가 느끼는지가 중요해.	**It's about how** you feel.
얼마나 네가 잘하는지가 중요해.	
어떻게 네가 그것을 말하는지가 중요해.	
어떻게 우리가 그것을 하는지가 중요해.	
어떻게 네가 반응하는지가 중요해.	
어떻게 네가 행동했는지가 중요해.	

Step 3
It's about how 패턴이 들어간 실제 대화 따라 하며 말해보기

발표가 짧아서 걱정하는 사람에게
어떻게 하는지가 중요하다고 짚어서 말할 때

Michael I'm so worried. I think our presentation is too short.
나 너무 걱정돼. 우리 발표가 너무 짧은 것 같아.

Jessica Don't worry.
걱정하지마.

It's about how we do it.
어떻게 우리가 그것을 하는지가 중요해.

나쁜 일만 생긴다고 불평하는 사람에게
어떻게 반응하는지가 중요하다고 짚어서 말할 때

Daniel Bad things always happen to me.
나쁜 일은 항상 나에게만 생겨.

Emma That doesn't matter.
그건 중요하지 않아.

It's about how you react.
어떻게 네가 반응하는지가 중요해.

Day 19

어떤 일을 하기엔 늦었었다고 말할 때 쓰는 만능 패턴

It was too late to ~

~하기엔 너무 늦었었어

과거에 어떤 일을 하기엔 너무 늦어서 안 했다고 말할 때 쓰는 패턴이에요. too late는 '너무 늦은'이라는 의미예요. It was too late to 패턴 뒤에 너무 늦어서 하지 못한 일을 넣어 말해보세요.

무료 강의 및 MP3 바로 듣기

Step 1

It was too late to 패턴으로 미국인이 많이 쓰는 TOP 5 문장 따라 하며 말해보기

It was too late to eat.
먹기엔 너무 늦었었어.
사용빈도 약 6,473,500회

It was too late to work out.
운동하기엔 너무 늦었었어.
사용빈도 약 2,118,303회

It was too late to start.
시작하기엔 너무 늦었었어.
사용빈도 약 1,100,500회

It was too late to go back.
돌아가기엔 너무 늦었었어.
사용빈도 약 788,700회

It was too late to apologize.
사과하기엔 너무 늦었었어.
사용빈도 약 140,300회

이런 말도 할 수 있어요.

It was too late to ______.

- **call him** 그에게 전화하다
- **send it** 그것을 보내다
- **get a refund** 환불받다

work out 운동하다 apologize 사과하다 refund 환불

Step 2
이번에는 우리말만 보고 **It was too late to** 패턴으로 문장 말해보기

먹기엔 너무 늦었었어.	**It was too late to** eat.
운동하기엔 너무 늦었었어.	
시작하기엔 너무 늦었었어.	
돌아가기엔 너무 늦었었어.	
사과하기엔 너무 늦었었어.	
그에게 전화하기엔 너무 늦었었어.	

Step 3
It was too late to 패턴이 들어간 실제 대화 따라 하며 말해보기

사과했는지 묻는 사람에게
사과하기엔 늦었었다고 말할 때

Michael Did you say sorry to him?
너 그에게 미안하다고 했어?

Jessica No. He's already gone.
아니. 그가 이미 가버렸어.

It was too late to apologize.
사과하기엔 너무 늦었었어.

<플랜더스의 개>에서
공부를 시작하기엔 늦었었다고 말할 때

Nello **It was too late to** start my art studies.
미술 공부를 시작하기엔 너무 늦었었어.

Aloise Nonsense.
말도 안 돼.

Rubens started when he was older than you are now.
루벤스는 지금 너보다 나이가 많을 때 시작했어.

Day 20

가능성이 있는 일을 말할 때 쓰는 만능 패턴

It's possible ~

~일 가능성이 있어

어떤 일이 일어나거나 현실일 가능성이 있다고 말할 때 쓰는 패턴이에요. possible은 '가능성이 있는'이라는 의미예요. It's possible 패턴 뒤에 가능성이 있는 일을 넣어 말해보세요.

무료 강의 및 MP3 바로 듣기

Step 1

It's possible 패턴으로 미국인이 많이 쓰는 TOP 5 문장 따라 하며 말해보기

It's possible to win.
이길 가능성이 있어.
사용빈도 약 1,285,900회

It's possible to go on.
계속될 가능성이 있어.
사용빈도 약 1,241,900회

It's possible it won't work.
그것이 작동하지 않을 가능성이 있어.
사용빈도 약 1,110,000회

It's possible to fix it.
그것을 수리할 가능성이 있어.
사용빈도 약 828,500회

It's possible you don't know.
네가 모를 가능성이 있어.
사용빈도 약 288,000회

이런 말도 할 수 있어요.

It's possible ______.

- **they'll leave** 그들이 떠날 것이다
- **you have a cold** 네가 감기에 걸리다
- **it's sold out** 그것이 품절이다

go on 계속되다 have a cold 감기에 걸리다 sold out 품절인

Step 2
이번에는 우리말만 보고 **It's possible** 패턴으로 문장 말해보기

이길 **가능성이 있어.**	**It's possible** to win.
계속될 **가능성이 있어.**	
그것이 작동하지 않을 **가능성이 있어.**	
그것을 수리할 **가능성이 있어.**	
네가 모를 **가능성이 있어.**	
그들이 떠날 **가능성이 있어.**	

Step 3
It's possible 패턴이 들어간 실제 대화 따라 하며 말해보기

질 것 같다고 하는 사람에게
이길 가능성이 있다고 말할 때

Michael We're going to lose this game.
우리는 이번 경기에서 질 거야.

Jessica No.
아니야.

It's possible to win.
이길 가능성이 있어.

<일루셔니스트>에서
떠날 가능성이 있다고 말할 때

Inspector They may be planning something together.
그들이 함께 뭔가를 꾸미고 있을 수 있습니다.

It's possible they'll leave.
그들이 떠날 가능성이 있습니다.

Leopold Thank you, Inspector.
고맙네, 경감.

Day 21

이유를 말할 때 쓰는 만능 패턴

That's because ~

그것은 ~ 때문이야

앞에 언급된 일이 일어난 이유를 말할 때 쓰는 패턴이에요. because 뒤에 다른 문장을 바로 붙여서 말할 수도 있고, 이유가 특정한 사람이나 사물일 때는 of를 함께 써서 말해요. That's because 패턴 뒤에 이유를 넣어 말해보세요.

무료 강의 및
MP3 바로 듣기

Step 1

That's because 패턴으로 미국인이 많이 쓰는 TOP 5 문장 따라 하며 말해보기

That's because of you.
그것은 너 때문이야.
사용빈도 약 2,067,600회

That's because I forgot.
그것은 내가 잊어버렸기 때문이야.
사용빈도 약 1,535,100회

That's because I love you.
그것은 내가 너를 사랑하기 때문이야.
사용빈도 약 1,299,500회

That's because he doesn't know.
그것은 그가 모르기 때문이야.
사용빈도 약 934,600회

That's because it's been a while.
그것은 오랜만이기 때문이야.
사용빈도 약 380,701회

무언가를 기억 못하거나, 하기 어려운 이유가 오랜만이기 때문일 때 써요.

이런 말도 할 수 있어요.

That's because ______.

- **we didn't go there** 우리가 그곳에 안 갔다
- **it's difficult** 힘들다
- **it's gone** 사라졌다

forget 잊어버리다

Step 2
이번에는 우리말만 보고 **That's because** 패턴으로 문장 말해보기

그것은 너 **때문이야.** — **That's because** of you.

그것은 내가 잊어버렸기 **때문이야.**

그것은 내가 너를 사랑하기 **때문이야.**

그것은 그가 모르기 **때문이야.**

그것은 오랜만이기 **때문이야.**

그것은 우리가 그곳에 안 갔기 **때문이야.**

Step 3
That's because 패턴이 들어간 실제 대화 따라 하며 말해보기

왜 전화 안 했는지 묻는 사람에게
잊었기 때문이라고 이유를 말할 때

Michael Why didn't you call me last night?
너 왜 어젯밤에 나한테 전화 안 했어?

Jessica **That's because** I forgot.
그것은 내가 잊어버렸기 때문이야.

I'm sorry.
미안해.

<행오버>에서
안 갔기 때문이라고 이유를 말할 때

Melissa I called that hotel in Napa.
Napa에 있는 그 호텔에 전화해봤어.

And they said they had no record of you.
그리고 그들은 네 기록이 없다고 했어.

Stu **That's because** we didn't go there.
그것은 우리가 그곳에 안 갔기 때문이야.

Day 22

처음인 일을 말할 때 쓰는 만능 패턴

This is the first ~

이번/이것이 처음 ~야

어떤 일이 처음이거나, 처음 해야 하는 일이라고 말할 때 쓰는 패턴이에요. 이때, this는 '이것' 또는 '이번'이라는 의미예요. This is the first 패턴 뒤에 처음인 일을 넣어 말해보세요.

무료 강의 및 MP3 바로 듣기

Step 1

This is the first 패턴으로 미국인이 많이 쓰는 TOP 5 문장 따라 하며 말해보기

This is the first time.
이번이 처음이야.
사용빈도 약 280,970,000회

This is the first time I've been here.
이번이 처음 내가 여기에 온 거야.
사용빈도 약 2,668,000회

This is the first thing you should do.
이것이 처음 네가 해야 하는 일이야.
사용빈도 약 2,653,000회

This is the first time it's happened.
이번이 처음 그것이 발생한 거야.
사용빈도 약 1,879,030회

This is the first car I bought.
이것이 처음 내가 산 차야.
사용빈도 약 886,900회

이런 말도 할 수 있어요.

This is the first ______.

- **time to go there** 그곳에 가는 것
- **thing on the list** 목록에 있는 것
- **meal I've had today** 오늘 내가 먹는 식사

happen 발생하다

Step 2

이번에는 우리말만 보고 **This is the first** 패턴으로 문장 말해보기

이번이 처음이야.	**This is the first** time.
이번이 처음 내가 여기에 온 거야.	
이것이 처음 네가 해야 하는 일이야.	
이번이 처음 그것이 발생한 거야.	
이것이 처음 내가 산 차야.	
이번이 처음 그곳에 가는 거야.	

Step 3

This is the first 패턴이 들어간 실제 대화 따라 하며 말해보기

안전벨트를 매야 하는 사람에게
처음 해야 하는 일이라고 말할 때

Michael Have you put your seat belt on?
너 안전벨트 맸어?

This is the first thing you should do.
이것이 처음 네가 해야 하는 일이야.

Jessica Of course, I did.
당연히 맸지.

<해리포터와 마법사의 돌>에서
처음 가는 거라고 말할 때

Harry Could you tell me how to get on the platform?
승강장에 어떻게 들어가는지 알려주실 수 있나요?

Weasley **This is the first** time to go to Hogwarts for us.
우리도 이번이 처음 호그와트에 가는 거예요.

Day 23

여러 가지 어떤 것 중에 하나라고 말할 때 쓰는 만능 패턴

This is one of ~

이것은 ~ 중에 하나야

여러 가지 어떤 것 중에 하나라고 말할 때 쓰는 패턴이에요. one of는 '~ 중 하나'라는 의미예요. This is one of 패턴 뒤에 여러 가지 어떤 것 중에 하나라고 말하고 싶은 대상을 넣어 말해보세요.

무료 강의 및 MP3 바로 듣기

Step 1

This is one of 패턴으로 미국인이 많이 쓰는 TOP 5 문장 따라 하며 말해보기

This is one of the reasons.
이것은 이유 중에 하나야.
사용빈도 약 41,558,000회

This is one of the problems.
이것은 문제 중에 하나야.
사용빈도 약 39,378,000회

This is one of the best meals I've had.
이것은 내가 먹어본 최고의 식사 중에 하나야.
사용빈도 약 3,098,470회

This is one of my favorite songs.
이것은 내가 가장 좋아하는 노래 중에 하나야.
사용빈도 약 2,501,000회

This is one of your best pictures.
이것은 네 최고의 사진 중에 하나야.
사용빈도 약 450,000회

이런 말도 할 수 있어요.

This is one of ________ .

the greatest artworks 가장 위대한 예술작품
the benefits 혜택
the effects 효과

benefit 혜택 effect 효과

Step 2
이번에는 우리말만 보고 **This is one of** 패턴으로 문장 말해보기

이것은 이유 **중에 하나야.**	**This is one of** the reasons.
이것은 문제 **중에 하나야.**	
이것은 내가 먹어본 최고의 식사 **중에 하나야.**	
이것은 내가 가장 좋아하는 노래 **중에 하나야.**	
이것은 네 최고의 사진 **중에 하나야.**	
이것은 가장 위대한 예술작품 **중에 하나야.**	

Step 3
This is one of 패턴이 들어간 실제 대화 따라 하며 말해보기

식사를 대접해 준 사람에게
최고의 식사 중 하나라고 말할 때

Michael Thanks for dinner.
저녁 고마워.

This is one of the best meals I've had.
이것은 내가 먹어본 최고의 식사 중에 하나야.

Jessica You're welcome.
천만에.

미술 작품을 함께 감상 중인 사람에게
위대한 예술작품 중 하나라고 말할 때

Daniel **This is one of** the greatest artworks.
이것은 가장 위대한 예술작품 중에 하나야.

Emma I know.
맞아.

Picasso was a genius.
피카소는 천재였어.

왕초보영어 탈출
해커스톡
HackersTalk.co.kr

There's 패턴

Day 24

현재와 관련 있는 일이 과거에 일어났다고 말할 때 쓰는 만능 패턴

There's been ~ ~가 있었어

Day 25

어떤 일을 할 필요가 없다고 말할 때 쓰는 만능 패턴

There's no need to ~ ~할 필요 없어

Day 26

어떤 일을 할 이유가 없다고 말할 때 쓰는 만능 패턴

There's no reason to ~ ~할 이유가 없어

Day 27

어떤 일을 할 방법이 없었다고 말할 때 쓰는 만능 패턴

There was no way to ~ ~할 방법이 없었어

Day 28

특별한 무언가가 있다고 말할 때 쓰는 만능 패턴

There's something ~ ~인 게 있어

Day 24

현재와 관련 있는 일이 과거에 일어났다고 말할 때 쓰는 만능 패턴

There's been ~

~가 있었어

현재 상황의 원인이 되는 어떤 일이 과거에 일어났다고 말할 때 쓰는 패턴이에요. There's been은 There has been의 줄임말로, has been은 '과거에 어떤 일이 있어서 상황이 지금과 같다'라는 의미를 포함해요. There's been 패턴 뒤에 현재와 관련 있는 과거의 일을 넣어 말해보세요.

무료 강의 및 MP3 바로 듣기

Step 1
There's been 패턴으로 미국인이 많이 쓰는 TOP 5 문장 따라 하며 말해보기

There's been a problem.
문제가 있었어.
사용빈도 약 1,294,800회

There's been a change.
변화가 있었어.
사용빈도 약 670,300회

There's been a mistake.
실수가 있었어.
사용빈도 약 493,778회

There's been an accident.
사고가 있었어.
사용빈도 약 229,000회

There's been an explosion.
폭발이 있었어.
사용빈도 약 122,000회

이런 말도 할 수 있어요.

There's been ______.
- **a delay** 지연
- **a call for you** 너에게 걸려온 전화
- **a lot of work** 많은 일

explosion 폭발

Step 2

이번에는 우리말만 보고 **There's been** 패턴으로 문장 말해보기

문제가 있었어.	There's been a problem.
변화가 있었어.	
실수가 있었어.	
사고가 있었어.	
폭발이 있었어.	
지연이 있었어.	

Step 3

There's been 패턴이 들어간 실제 대화 따라 하며 말해보기

버스가 늦는 이유를 궁금해하는 사람에게
지연이 있었다고 말할 때

Michael Why is the bus so late?
버스가 왜 이렇게 늦지?
It was supposed to be here 10 minutes ago.
10분 전에는 도착했어야 했어.

Jessica There's been a delay.
지연이 있었어.
I heard there was an accident.
사고가 있었다고 들었어.

<인터스텔라>에서
폭발이 있었다고 말할 때

Case There's been an explosion.
폭발이 있었어.

Brand Where?
어디에서?

Day 25

어떤 일을 할 필요가 없다고 말할 때 쓰는 만능 패턴

There's no need to ~

~할 필요 없어

어떤 일을 안 해도 된다고 안심시키거나 할 필요 없다고 제안, 충고 등을 할 때 쓰는 패턴이에요. no need to는 '~을 할 필요가 없는'이라는 의미예요. There's no need to 패턴 뒤에 할 필요가 없는 일을 넣어 말해보세요

무료 강의 및 MP3 바로 듣기

Step 1

There's no need to 패턴으로 미국인이 많이 쓰는 TOP 5 문장 따라 하며 말해보기

There's no need to worry.
걱정할 필요 없어.
사용빈도 약 2,625,500회

There's no need to feel bad.
기분 나빠할 필요 없어.
사용빈도 약 2,031,600회

There's no need to respond.
대답할 필요 없어.
사용빈도 약 1,134,700회

There's no need to argue.
언쟁할 필요 없어.
사용빈도 약 669,900회

There's no need to be sorry.
미안해할 필요 없어.
사용빈도 약 197,400회

이런 말도 할 수 있어요.

There's no need to ______.

- **fight** 싸우다
- **rush** 서두르다
- **feel stressed** 스트레스받다

respond 대답하다 argue 언쟁하다

Step 2
이번에는 우리말만 보고 **There's no need to** 패턴으로 문장 말해보기

걱정할 필요 없어.	There's no need to worry.
기분 나빠할 필요 없어.	
대답할 필요 없어.	
언쟁할 필요 없어.	
미안해할 필요 없어.	
싸울 필요 없어.	

Step 3
There's no need to 패턴이 들어간 실제 대화 따라 하며 말해보기

내 물건을 망가뜨린 사람에게
미안해할 필요가 없다고 말할 때

Michael I'm so sorry. I broke your mug.
정말 미안해. 내가 네 머그잔을 깼어.

Jessica **There's no need to** be sorry.
미안해할 필요 없어.

It was an accident.
그것은 사고였잖아.

<이미테이션 게임>에서
걱정할 필요가 없다고 말할 때

Hugh Who is the man?
그 남자는 누구야?

Helen Oh, **there's no need to** worry.
오, 걱정할 필요 없어.

We've never even met.
우리는 심지어 만난 적도 전혀 없어.

Day 26

어떤 일을 할 이유가 없다고 말할 때 쓰는 만능 패턴

There's no reason to ~

~할 이유가 없어

어떤 일을 할 이유가 없다, 즉 그 일을 하지 말라고 말할 때 쓰는 패턴이에요. no reason to는 '~을 할 이유가 없는'이라는 의미예요. There's no reason to 패턴 뒤에 해야 할 이유가 없어서 필요가 없는 일을 넣어 말해보세요.

무료 강의 및 MP3 바로 듣기

Step 1

There's no reason to 패턴으로 미국인이 많이 쓰는 TOP 5 문장 따라 하며 말해보기

There's no reason to get mad.
화낼 이유가 없어.
사용빈도 약 1,450,600회

There's no reason to cry.
울 이유가 없어.
사용빈도 약 450,800회

There's no reason to take a risk.
위험을 부담할 이유가 없어.
사용빈도 약 356,200회

There's no reason to stop trying.
시도를 멈출 이유가 없어.
사용빈도 약 214,500회

There's no reason to give up now.
지금 포기할 이유가 없어.
사용빈도 약 172,110회

이런 말도 할 수 있어요.

There's no reason to ________.

- **be regretful** 후회하다
- **be nervous** 긴장하다
- **doubt me** 나를 의심하다

risk 위험 give up 포기하다 regretful 후회하는 nervous 긴장한 doubt 의심하다

Step 2
이번에는 우리말만 보고 **There's no reason to** 패턴으로 문장 말해보기

화낼 이유가 없어.	**There's no reason to** get mad.
울 이유가 없어.	
위험을 부담할 이유가 없어.	
시도를 멈출 이유가 없어.	
지금 포기할 이유가 없어.	
후회할 이유가 없어.	

Step 3
There's no reason to 패턴이 들어간 실제 대화 따라 하며 말해보기

사소한 것에 화난 사람에게
화낼 이유가 없다고 말할 때

Michael The cashier gave me the wrong change!
계산원이 거스름돈을 잘못 줬어!

Jessica **There's no reason to** get mad.
화낼 이유가 없어.

Just go and tell her.
그냥 가서 그녀에게 말해.

의욕을 잃은 사람에게
포기할 이유가 없다고 말할 때

Daniel It's not possible to finish this project.
이 프로젝트를 끝내는 건 불가능해.

Emma **There's no reason to** give up now.
지금 포기할 이유가 없어.

It's almost over.
거의 다 끝났어.

Day 27

어떤 일을 할 방법이 없었다고 말할 때 쓰는 만능 패턴

There was no way to ~

~할 방법이 없었어

어떤 일을 할 방법이 없었다, 즉 그 일을 못 했다고 말할 때 쓰는 패턴이에요. no way to는 '~을 할 방법이 없는'이라는 의미예요. There was no way to 패턴 뒤에 할 방법이 없어서 못 한 일을 넣어 말해보세요.

무료 강의 및 MP3 바로 듣기

Step 1

There was no way to 패턴으로 미국인이 많이 쓰는 TOP 5 문장 따라 하며 말해보기

There was no way to find out.
알아차릴 방법이 없었어.
사용빈도 약 30,218,000회

There was no way to save him.
그를 구할 방법이 없었어.
사용빈도 약 2,350,000회

There was no way to stop it.
그것을 멈출 방법이 없었어.
사용빈도 약 814,100회

There was no way to prevent it.
그것을 예방할 방법이 없었어.
사용빈도 약 398,200회

There was no way to describe it.
그것을 묘사할 방법이 없었어.
사용빈도 약 272,003회

이런 말도 할 수 있어요.

There was no way to ______.

- **improve it** 그것을 개선하다
- **explain it** 그것을 설명하다
- **contact them** 그들에게 연락하다

find out 알아차리다 save 구하다 prevent 예방하다 describe 묘사하다 improve 개선하다

Step 2

이번에는 우리말만 보고 **There was no way to** 패턴으로 문장 말해보기

알아차릴 **방법이 없었어.**	**There was no way to** find out.
그를 구**할 방법이 없었어.**	
그것을 멈**출 방법이 없었어.**	
그것을 예방**할 방법이 없었어.**	
그것을 묘사**할 방법이 없었어.**	
그것을 개선**할 방법이 없었어.**	

Step 3

There was no way to 패턴이 들어간 실제 대화 따라 하며 말해보기

무언가를 알았는지 묻는 사람에게
알아차릴 방법이 없었다고 말할 때

Michael Did you know Sandra was sick?
너희 Sandra가 아팠던 거 알고 있었어?

Jessica **There was no way to** find out.
알아차릴 방법이 없었어.

She didn't tell us.
그녀가 우리에게 말하지 않았거든.

<터미네이터 2>에서
그를 구할 방법이 없었다고 말할 때

Connor He's dead!
그가 죽었어!

Terminator Connor, **there was no way to** save him.
Connor, 그를 구할 방법이 없었어.

Day 28

특별한 무언가가 있다고 말할 때 쓰는 만능 패턴

There's something ~

~인 게 있어

특별히 하고 싶은 일이나 특별한 무언가가 있다고 말할 때 쓰는 패턴이에요. 선뜻 꺼내기 어려운 말을 시작하거나 정확히 표현하기 어려운 것에 대해 말할 때 주로 써요. There's something 패턴 뒤에 특별한 무언가를 넣어 말해 보세요.

무료 강의 및 MP3 바로 듣기

Step 1

There's something 패턴으로 미국인이 많이 쓰는 TOP 5 문장 따라 하며 말해보기

There's something I like.
내가 좋아하는 게 있어.
사용빈도 약 5,109,000회

There's something I need to say.
내가 말해야 하는 게 있어.
사용빈도 약 4,217,500회

There's something you should know.
네가 알아야 하는 게 있어.
사용빈도 약 3,042,100회

There's something I want to ask.
내가 물어보고 싶은 게 있어.
사용빈도 약 997,500회

There's something about you I like.
너에 대해 내가 좋아하는 게 있어.
사용빈도 약 747,500회

이런 말도 할 수 있어요.

There's something ________.

- **I want to show you** 내가 너에게 보여주고 싶다
- **you might like** 네가 좋아할지도 모른다
- **he left** 그가 남겼다

Step 2
이번에는 우리말만 보고 **There's something** 패턴으로 문장 말해보기

내가 좋아하는 **게 있어.**	**There's something** I like.
내가 말해야 하는 **게 있어.**	
네가 알아야 하는 **게 있어.**	
내가 물어보고 싶은 **게 있어.**	
너에 대해 내가 좋아하는 **게 있어.**	
내가 너에게 보여주고 싶은 **게 있어.**	

Step 3
There's something 패턴이 들어간 실제 대화 따라 하며 말해보기

떠나는 것을 알려줄 사람에게
말해야 하는 무언가 있다고 말할 때

Michael **There's something** I need to say.
내가 말해야 하는 게 있어.

This is my last day here.
오늘이 여기에서 내 마지막 날이야.

Jessica Oh no! We'll miss you.
안돼! 우린 네가 보고 싶을 거야.

<배트맨 비긴즈>에서
보여주고 싶은 무언가 있다고 말할 때

Thomas **There's something** I want to show you.
내가 너에게 보여주고 싶은 게 있난나.

But you can't tell anyone, alright?
그렇지만 아무에게도 말하면 안 돼, 알겠지?

Bruce I won't.
네, 안 할게요.

왕초보영어 탈출
해커스톡
HackersTalk.co.kr

I have 패턴

Day 29
어떤 것을 봤다고 말할 때 쓰는 만능 패턴
I've seen ~ 나 ~ 봤어

Day 30
어떤 것을 못 봤다고 말할 때 쓰는 만능 패턴
I haven't seen ~ 나 ~ 못 봤어

Day 31
어딘가에 온 목적을 말할 때 쓰는 만능 패턴
I've come to ~ 나 ~하러 왔어

Day 32
결정한 일을 말할 때 쓰는 만능 패턴
I've decided to ~ 나 ~하기로 했어

Day 33
어떤 일을 해야만 한다고 경고할 때 쓰는 만능 패턴
You'd better ~ 너 ~하는 게 좋을 거야

Day 34
어떤 일을 하면 안 된다고 경고할 때 쓰는 만능 패턴
You'd better not ~ 너 ~하지 않는 게 좋을 거야

Day 35
어떤 사실을 전혀 몰랐다고 말할 때 쓰는 만능 패턴
I had no idea ~ 나 ~인지 전혀 몰랐어

Day 36
상관없다고 말할 때 쓰는 만능 패턴
It has nothing to do with ~ ~과는 상관없어

Day 29

어떤 것을 봤다고 말할 때 쓰는 만능 패턴

I've seen ~

나 ~ 봤어

어떤 것을 지금까지 본 적이 있거나 오랫동안 봐 왔다고 말할 때 쓰는 패턴이에요. I've seen은 I have seen의 줄임말로, have seen은 '과거부터 지금까지 본 경험이 있다 또는 계속 봐 왔다'라는 의미를 포함해요. I've seen 패턴 뒤에 본 적 있거나 오랫동안 봐온 대상을 넣어 말해보세요.

무료 강의 및 MP3 바로 듣기

Step 1

I've seen 패턴으로 미국인이 많이 쓰는 TOP 5 문장 따라 하며 말해보기

I've seen it all.
나 그거 다 봤어.
사용빈도 약 8,517,000회

I've seen the news.
나 그 뉴스 봤어.
사용빈도 약 1,618,700회

I've seen this movie.
나 이 영화 봤어.
사용빈도 약 1,368,000회

I've seen many changes.
나 많은 변화를 봤어.
사용빈도 약 156,000회

I've seen you cry.
나 너 우는 거 봤어.
사용빈도 약 121,500회

이런 말도 할 수 있어요.

I've seen ________.

- **her today** 오늘 그녀를
- **that face before** 전에 그 얼굴을
- **strange things** 이상한 것들을

change 변화 strange 이상한

Step 2
이번에는 우리말만 보고 **I've seen** 패턴으로 문장 말해보기

나 그거 다 **봤어.**	**I've seen** it all.
나 그 뉴스 **봤어.**	
나 이 영화 **봤어.**	
나 많은 변화를 **봤어.**	
나 너 우는 거 **봤어.**	
나 오늘 그녀를 **봤어.**	

Step 3
I've seen 패턴이 들어간 실제 대화 따라 하며 말해보기

영화를 같이 볼 사람에게
영화를 봤다고 말할 때

Michael **I've seen** this movie.
나 이 영화 봤어.

Jessica OK. Let's watch another one then.
알았어. 그럼 다른 거 보자.

오랫동안 일한 직장에 대해 묻는 사람에게
많은 변화를 봤다고 말할 때

Daniel You've worked here for 10 years. How has it been?
너 여기서 10년 동안 일했잖아. 어땠어?

Emma Time flies.
시간이 정말 빨라.

I've seen many changes.
나 많은 변화를 봤어.

Day 30

어떤 것을 못 봤다고 말할 때 쓰는 만능 패턴

I haven't seen ~

나 ~ 못 봤어

지금까지 본 적이 없거나 오랫동안 보지 못했다고 말할 때 쓰는 패턴이에요. I've seen 패턴에 not만 붙이면 '과거부터 지금까지 본 경험이 없다 또는 계속 보지 못했다'라는 의미가 돼요. I haven't seen 패턴 뒤에 본 적이 없거나 오랫동안 보지 못한 대상을 넣어 말해보세요.

무료 강의 및 MP3 바로 듣기

Step 1

I haven't seen 패턴으로 미국인이 많이 쓰는 TOP 5 문장 따라 하며 말해보기

I haven't seen him for a long time.
나 그를 오랫동안 못 봤어.
사용빈도 약 3,980,000회

I haven't seen it.
나 그것을 못 봤어.
사용빈도 약 1,832,700회

I haven't seen you in a while.
나 한동안 너를 못 봤어.
사용빈도 약 600,000회

I haven't seen the movie yet.
나 그 영화 아직 못 봤어.
사용빈도 약 195,500회

I haven't seen the memo.
나 그 메모 못 봤어.
사용빈도 약 162,650회

이런 말도 할 수 있어요.

I haven't seen ______.

- **anything special** 특별한 어떤 것을
- **my cat today** 오늘 내 고양이를
- **this TV show** 이 텔레비전 프로그램을

Step 2
이번에는 우리말만 보고 **I haven't seen** 패턴으로 문장 말해보기

나 그를 오랫동안 **못 봤어.**	**I haven't seen** him for a long time.
나 그것을 **못 봤어.**	
나 한동안 너를 **못 봤어.**	
나 그 영화 아직 **못 봤어.**	
나 그 메모 **못 봤어.**	
나 특별한 어떤 것을 **못 봤어.**	

Step 3
I haven't seen 패턴이 들어간 실제 대화 따라 하며 말해보기

전시회에 대해 묻는 사람에게
그것을 못 봤다고 말할 때

Michael　Did you see the art exhibit?
너 그 미술 전시회 봤어?

Jessica　No, **I haven't seen** it.
아니, 나 그것을 못 봤어.

But I heard it's amazing.
근데 굉장하다고 들었어.

<셜록홈즈: 그림자 게임>에서
오랫동안 그를 못 봤다고 말할 때

Sherlock　Is my brother here?
우리 형이 여기 있니?

Professor　**I haven't seen** him for a long time.
나 그를 오랫동안 못 봤어.

Day 31

어딘가에 온 목적을 말할 때 쓰는 만능 패턴

I've come to ~

나 ~하러 왔어

어딘가에 온 목적을 말할 때 쓰는 패턴이에요. have come to는 '어떤 일을 하러 과거부터 지금까지 시간을 들여서 왔다'라는 의미를 포함해요. I've come to 패턴 뒤에 어딘가에 온 목적을 넣어 말해보세요.

무료 강의 및 MP3 바로 듣기

Step 1

I've come to 패턴으로 미국인이 많이 쓰는 TOP 5 문장 따라 하며 말해보기

I've come to learn.
나 배우러 왔어.
사용빈도 약 91,120,000회

I've come to help.
나 도와주러 왔어.
사용빈도 약 29,490,000회

I've come to visit.
나 방문하러 왔어.
사용빈도 약 14,036,000회

I've come to see you.
나 너 보러 왔어.
사용빈도 약 2,798,000회

I've come to take you home.
나 너 집에 데려다주러 왔어.
사용빈도 약 814,100회

이런 말도 할 수 있어요.

I've come to ________.

- **buy a present** 선물을 사다
- **tell you something** 너에게 무언가를 말해 주다
- **apply for a job** 일자리에 지원하다

learn 배우다 apply for ~에 지원하다

Step 2
이번에는 우리말만 보고 **I've come to** 패턴으로 문장 말해보기

나 배우러 왔어.	**I've come to** learn.
나 도와주러 왔어.	
나 방문하러 왔어.	
나 너 보러 왔어.	
나 너 집에 데려다주러 왔어.	
나 선물을 사러 왔어.	

Step 3
I've come to 패턴이 들어간 실제 대화 따라 하며 말해보기

이사하는 사람에게
도와주러 왔다고 말할 때

Michael　I heard you were moving today.
너 오늘 이사한다고 들었어.

I've come to help.
나 도와주러 왔어.

Jessica　Thank you so much!
정말 고마워!

집에 가려는 사람에게
집에 데려다주러 왔다고 말할 때

Daniel　**I've come to** take you home.
나 너 집에 데려다주러 왔어.

Emma　Thanks. I was thinking about calling a taxi.
고마워. 나 택시를 부를까 생각했어.

Day 32

결정한 일을 말할 때 쓰는 만능 패턴

I've decided to ~

나 ~하기로 했어

오랫동안 생각해서 어떤 일을 하기로 결정했다고 말할 때 쓰는 패턴이에요. have decided는 '어떤 결정을 내리기까지 과거부터 지금까지 생각을 계속해 왔다'라는 의미를 포함해요. I've decided to 패턴 뒤에 결정한 일을 넣어 말해 보세요

무료 강의 및 MP3 바로 듣기

Step 1

I've decided to 패턴으로 미국인이 많이 쓰는 TOP 5 문장 따라 하며 말해보기

I've decided to move on.
나 넘어가기로 했어.
어떤 일에 더는 연연하지 않기로 다짐했을 때 써요.
사용빈도 약 2,206,600회

I've decided to go back.
나 돌아가기로 했어.
사용빈도 약 1,930,000회

I've decided to change.
나 달라지기로 했어.
사용빈도 약 1,409,000회

I've decided to take it.
나 그것을 받아들이기로 했어.
사용빈도 약 1,009,300회

I've decided to wait.
나 기다리기로 했어.
사용빈도 약 942,800회

이런 말도 할 수 있어요.

I've decided to ______.

- **stay longer** 더 오래 머무르다
- **quit smoking** 담배를 끊다
- **buy a new coat** 새 코트를 사다

move on 넘어가다, 옮기다 take 받아들이다, 이해하다 quit 그만두다

Step 2
이번에는 우리말만 보고 **I've decided to** 패턴으로 문장 말해보기

나 넘어가**기로 했어**. — **I've decided to** move on.

나 돌아가**기로 했어**.

나 달라지**기로 했어**.

나 그것을 받아들이**기로 했어**.

나 기다리**기로 했어**.

나 더 오래 머무르**기로 했어**.

Step 3
I've decided to 패턴이 들어간 실제 대화 따라 하며 말해보기

일자리 제안에 대해 묻는 사람에게
받아들이기로 결정했다고 말할 때

Michael: What are you going to do about that job offer?
너 그 일자리 제안에 대해 어떻게 할 거야?

Jessica: **I've decided to** take it.
나 그것을 받아들이기로 했어.

It's a great opportunity.
아주 좋은 기회잖아.

<스타워즈: 에피소드 1 – 보이지 않는 위험>에서
돌아가기로 결정했다고 말할 때

Amidala: **I've decided to** go back to Naboo.
난 Naboo로 돌아가기로 했다.

Palpatine: But, Your Majesty, be realistic!
그렇지만 폐하, 현실적으로 생각하여 주십시오!

You would be in danger.
폐하께서 위험에 처할 수 있습니다.

Day 33

어떤 일을 해야만 한다고 경고할 때 쓰는 만능 패턴

You'd better ~

너 ~하는 게 좋을 거야

상대에게 어떤 일을 해야만 한다고 경고할 때 쓰는 패턴이에요. You'd better는 You had better의 줄임말로, '어떤 일을 안 하면 큰일 난다'라는 위협의 의미를 포함하고 있고, 따라서 윗사람이나 가깝지 않은 사람에게는 잘 쓰지 않아요. You'd better 패턴 뒤에 상대가 해야만 하는 일을 넣어 말해보세요.

무료 강의 및 MP3 바로 듣기

Step 1
You'd better 패턴으로 미국인이 많이 쓰는 TOP 5 문장 따라 하며 말해보기

You'd better go.
너 가는 게 좋을 거야.
사용빈도 약 386,100회

You'd better hurry.
너 서두르는 게 좋을 거야.
사용빈도 약 233,300회

You'd better come.
너 오는 게 좋을 거야.
사용빈도 약 228,000회

You'd better watch out.
너 조심하는 게 좋을 거야.
사용빈도 약 166,400회

You'd better stop.
너 멈추는 게 좋을 거야.
사용빈도 약 143,900회

이런 말도 할 수 있어요.

You'd better ________.

- **leave early** 일찍 떠나다
- **be polite** 예의 바르게 하다
- **see a doctor** 병원에 가다

hurry 서두르다 watch out 조심하다

Step 2

이번에는 우리말만 보고 **You'd better** 패턴으로 문장 말해보기

너 가는 게 좋을 거야.	**You'd better** go.
너 서두르는 게 좋을 거야.	
너 오는 게 좋을 거야.	
너 조심하는 게 좋을 거야.	
너 멈추는 게 좋을 거야.	
너 일찍 떠나는 게 좋을 거야.	

Step 3

You'd better 패턴이 들어간 실제 대화 따라 하며 말해보기

비행기 시간이 얼마 안 남은 사람에게
서둘러야 한다고 경고할 때

Michael My flight is at 2 o'clock.
나 2시 비행기야.

Jessica **You'd better** hurry.
너 서두르는 게 좋을 거야.

It's almost noon.
이제 거의 정오야.

눈 오는 날 외출하는 사람에게
조심해야 한다고 경고할 때

Daniel It's snowing outside.
밖에 눈이 오고 있어

You'd better watch out.
너 조심하는 게 좋을 거야.

Emma Don't worry. I'll be careful.
걱정하지마. 조심할게.

Day 34

어떤 일을 하면 안 된다고 경고할 때 쓰는 만능 패턴

You'd better not ~

너 ~하지 않는 게 좋을 거야

상대에게 어떤 일을 하면 안 된다고 경고할 때 쓰는 패턴이에요. You'd better 패턴 뒤에 not만 붙이면 어떤 일을 하면 큰일 나기 때문에 하지 말라는 의미가 돼요. You'd better not 패턴 뒤에 상대가 해서는 안 되는 일을 넣어 말해보세요.

무료 강의 및 MP3 바로 듣기

Step 1

You'd better not 패턴으로 미국인이 많이 쓰는 TOP 5 문장 따라 하며 말해보기

You'd better not be here.
너 여기 있지 않는 게 좋을 거야.
사용빈도 약 235,400회

You'd better not know.
너 알지 않는 게 좋을 거야.
사용빈도 약 156,500회

You'd better not leave.
너 떠나지 않는 게 좋을 거야.
사용빈도 약 128,010회

You'd better not be late.
너 늦지 않는 게 좋을 거야.
사용빈도 약 113,130회

You'd better not ask.
너 물어보지 않는 게 좋을 거야.
사용빈도 약 108,740회

이런 말도 할 수 있어요.

You'd better not ______.

- **be sleeping** 자고 있다
- **touch it** 그것을 만지다
- **complain** 불평하다

Step 2
이번에는 우리말만 보고 **You'd better not** 패턴으로 문장 말해보기

너 여기 있지 **않는 게 좋을 거야.**	**You'd better not** be here.
너 알지 **않는 게 좋을 거야.**	
너 떠나지 **않는 게 좋을 거야.**	
너 늦지 **않는 게 좋을 거야.**	
너 물어보지 **않는 게 좋을 거야.**	
너 자고 있지 **않는 게 좋을 거야.**	

Step 3
You'd better not 패턴이 들어간 실제 대화 따라 하며 말해보기

중요한 일에 늦을 것 같은 사람에게
늦으면 안 된다고 경고할 때

Michael We have a very important meeting tomorrow.
우리는 내일 매우 중요한 회의가 있어.

You'd better not be late.
너 늦지 않는 게 좋을 거야.

Jessica OK. I won't be late.
알겠어. 안 늦을게.

<블랙 호크 다운>에서
자고 있으면 안 된다고 경고할 때

Randy I'll call you in a couple hours.
내가 몇 시간 뒤에 전화할게.

You'd better not be sleeping.
너 자고 있지 않는 게 좋을 거야.

Hoot OK, Randy.
알았어, 랜디.

Day 35

어떤 사실을 전혀 몰랐다고 말할 때 쓰는 만능 패턴

I had no idea ~

나 ~인지 전혀 몰랐어

어떤 사실을 전혀 몰랐다는 것을 강조해서 말할 때 쓰는 패턴이에요. had no idea는 '전혀 몰랐다'라는 의미예요. I had no idea 패턴 뒤에 전혀 몰랐던 사실을 넣어 말해 보세요.

무료 강의 및 MP3 바로 듣기

Step 1
I had no idea 패턴으로 미국인이 많이 쓰는 TOP 5 문장 따라 하며 말해보기

I had no idea what I was doing.
나 내가 무엇을 하고 있었는지 전혀 몰랐어.
사용빈도 약 1,432,700회

I had no idea where I was.
나 내가 어디에 있었는지 전혀 몰랐어.
사용빈도 약 824,000회

I had no idea that was you.
나 그게 너였는지 전혀 몰랐어.
사용빈도 약 671,400회

I had no idea this would happen.
나 이런 일이 생길지 전혀 몰랐어.
사용빈도 약 565,800회

I had no idea you were coming.
나 네가 오는지 전혀 몰랐어.
사용빈도 약 238,800회

이런 말도 할 수 있어요.

I had no idea ________.

who that was 그게 누구였는지
it was over 그것이 끝났는지
why you were angry 네가 왜 화가 났었는지

happen (일이) 생기다, 일어나다

Step 2
이번에는 우리말만 보고 **I had no idea** 패턴으로 문장 말해보기

나 내가 무엇을 하고 있었는**지 전혀 몰랐어.** — **I had no idea** what I was doing.

나 내가 어디에 있었는**지 전혀 몰랐어.**

나 그게 너였는**지 전혀 몰랐어.**

나 이런 일이 생길**지 전혀 몰랐어.**

나 네가 오는**지 전혀 몰랐어.**

나 그게 누구였는**지 전혀 몰랐어.**

Step 3
I had no idea 패턴이 들어간 실제 대화 따라 하며 말해보기

의도치 않게 폐를 끼치게 된 사람에게
이런 일이 생길지 전혀 몰랐다고 말할 때

Michael I'm sorry.
미안해.

I had no idea this would happen.
나 이런 일이 생길지 전혀 몰랐어.

Jessica It's fine. Everyone makes mistakes.
괜찮아. 누구든 실수는 하니까.

예기치 않게 만난 사람에게
오는 줄 전혀 몰랐다고 말할 때

Daniel **I had no idea** you were coming.
나 네가 오는지 전혀 몰랐어.

It's good to see you here!
여기서 널 보니까 반갑다!

Emma I'm glad to see you, too.
나도 만나서 반가워.

Day 36

상관없다고 말할 때 쓰는 만능 패턴

It has nothing to do with ~

~과는 상관없어

어떤 일이 일어난 이유가 특정한 대상 때문은 아니다, 즉 둘 사이에 상관이 없다고 말할 때 쓰는 패턴이에요. have nothing to do with는 '~과 상관이 없다'라는 의미예요. It has nothing to do with 패턴 뒤에 상관이 없는 대상을 넣어 말해보세요.

무료 강의 및 MP3 바로 듣기

Step 1
It has nothing to do with 패턴으로 미국인이 많이 쓰는 TOP 5 문장 따라 하며 말해보기

It has nothing to do with that.
그것과는 상관없어.
사용빈도 약 15,540,000회

It has nothing to do with you.
너와는 상관없어.
사용빈도 약 7,132,000회

It has nothing to do with the business.
그 일과는 상관없어.
사용빈도 약 1,285,300회

It has nothing to do with what happened.
일어난 일과는 상관없어.
사용빈도 약 909,600회

It has nothing to do with money.
돈과는 상관없어.
사용빈도 약 371,400회

이런 말도 할 수 있어요.

It has nothing to do with ______.
- **her** 그녀
- **my family** 내 가족
- **the class** 그 수업

business 일, 사업 happen (일이) 일어나다 class 수업

Step 2
이번에는 우리말만 보고 **It has nothing to do with** 패턴으로 문장 말해보기

그것과는 상관없어.	**It has nothing to do with** that.
너와는 상관없어.	
그 일과는 상관없어.	
일어난 일과는 상관없어.	
돈과는 상관없어.	
그녀와는 상관없어.	

Step 3
It has nothing to do with 패턴이 들어간 실제 대화 따라 하며 말해보기

왜 화났는지 묻는 사람에게
너랑 상관없다고 말할 때

Michael Are you angry because of me?
너 나 때문에 화났어?

Jessica No. **It has nothing to do with** you.
아니. 너와는 상관없어.

직장을 그만두려는 이유를 묻는 사람에게
돈이랑 상관없다고 말할 때

Daniel Why are you quitting your job? Is it because of the low salary?
왜 직장을 그만두려고 해? 급여가 낮아서 그래?

Emma **It has nothing to do with** money.
돈과는 상관없어.

It's just too hard.
그냥 너무 힘들어.

Let me 패턴

Day 37
무언가를 알려달라고 부탁할 때 쓰는 만능 패턴
Let me know ~ ~인지 알려줘

Day 38
어떤 것을 확인해 보겠다고 말할 때 쓰는 만능 패턴
Let me see ~ ~를 확인해 볼게

Day 39
어떤 것을 이야기하겠다고 말할 때 쓰는 만능 패턴
Let me tell you ~ 너에게 ~을 말해줄게

Day 40
무언가 알려주겠다고 말할 때 쓰는 만능 패턴
I'll let you know ~ 너한테 ~ 알려줄게

Day 37

무언가를 알려달라고 부탁할 때 쓰는 만능 패턴

Let me know ~

~인지 알려줘

무언가를 알려달라고 정중하게 부탁할 때 쓰는 패턴이에요. let me는 '내가 ~을 하게 해줘'라는 의미로, '알다'라는 뜻의 know를 뒤에 쓰면 "내가 알게 해줘.", 즉 "나에게 알려줘."라는 의미가 돼요. Let me know 패턴 뒤에 알고 싶은 사실을 넣어 말해보세요.

무료 강의 및 MP3 바로 듣기

Step 1

Let me know 패턴으로 미국인이 많이 쓰는 TOP 5 문장 따라 하며 말해보기

Let me know if you can come.
네가 올 수 있는지 알려줘.
사용빈도 약 11,601,000회

Let me know what you'd like.
네가 무엇을 원하는지 알려줘.
사용빈도 약 8,932,800회

Let me know what happened.
무슨 일이 일어났는지 알려줘.
사용빈도 약 3,722,600회

Let me know how it goes.
어떻게 돼가는지 알려줘.
사용빈도 약 2,064,400회

Let me know what you find out.
네가 무엇을 알아냈는지 알려줘.
사용빈도 약 2,006,000회

이런 말도 할 수 있어요.

Let me know ______.

if you need anything 네가 무언가 필요한지
how it ended 어떻게 끝났는지
what you like 네가 무엇을 좋아하는지

happen (일이) 일어나다 find out 알아내다, 알아차리다

Step 2
이번에는 우리말만 보고 **Let me know** 패턴으로 문장 말해보기

네가 올 수 있는지 알려줘. — **Let me know** if you can come.

네가 무엇을 원하는지 알려줘.

무슨 일이 일어났는지 알려줘.

어떻게 돼가는지 알려줘.

네가 무엇을 알아냈는지 알려줘.

네가 무언가 필요한지 알려줘.

Step 3
Let me know 패턴이 들어간 실제 대화 따라 하며 말해보기

파티에 초대하고 싶은 사람에게
올 수 있는지 알려달라고 부탁할 때

Michael I'll have a party this Friday night.
나 이번 금요일 밤에 파티할 거야.

Let me know if you can come.
네가 올 수 있는지 알려줘.

Jessica Sure. That sounds fun!
그래. 재미있겠다!

<비긴 어게인>에서
어떻게 돼가는지 알려달라고 부탁할 때

Steve I'm going to see if we can make a deal with Saul.
Saul하고 계약을 성사할 수 있을지 알아볼게.

Violet Good luck.
행운을 빌어.

Let me know how it goes.
어떻게 돼가는지 알려줘.

Day 38

어떤 것을 확인해 보겠다고 말할 때 쓰는 만능 패턴

Let me see ~

~를 확인해 볼게

어떤 사실이나 무언가의 내용을 확인해 보겠다고 말할 때 쓰는 패턴이에요. '보다'라는 뜻의 see를 let me 뒤에 쓰면 "내가 보게 해줘.", 즉 "내가 확인해 볼게."라는 의미가 돼요. Let me see 패턴 뒤에 확인해 볼 사실이나 내용을 넣어 말해보세요.

무료 강의 및 MP3 바로 듣기

Step 1

Let me see 패턴으로 미국인이 많이 쓰는 TOP 5 문장 따라 하며 말해보기

Let me see if I can.
내가 할 수 있는지를 확인해 볼게.
사용빈도 약 1,066,500회

Let me see what I can do.
내가 무엇을 할 수 있는지를 확인해 볼게.
사용빈도 약 427,000회

Let me see if I can help.
내가 도울 수 있는지를 확인해 볼게.
사용빈도 약 412,800회

Let me see the photo.
사진을 확인해 볼게.
사용빈도 약 331,100회

Let me see the map.
지도를 확인해 볼게.
사용빈도 약 232,100회

이런 말도 할 수 있어요.

Let me see ______.

- **if it works** 그것이 효과가 있는지
- **if that's true** 그것이 사실인지
- **what time it is** 지금이 몇 시인지

work 효과가 있다

Step 2
이번에는 우리말만 보고 **Let me see** 패턴으로 문장 말해보기

내가 할 수 있는지를 확인해 볼게.	**Let me see** if I can.
내가 무엇을 할 수 있는지를 확인해 볼게.	
내가 도울 수 있는지를 확인해 볼게.	
사진을 확인해 볼게.	
지도를 확인해 볼게.	
그것이 효과가 있는지를 확인해 볼게.	

Step 3
Let me see 패턴이 들어간 실제 대화 따라 하며 말해보기

만나자는 사람에게
할 수 있는지 확인해 보겠다고 말할 때

Michael Can we meet this weekend?
우리 이번 주말에 만날 수 있을까?

Jessica **Let me see** if I can.
내가 할 수 있는지를 확인해 볼게.

I'll let you know tomorrow.
내가 내일 알려줄게.

길을 묻는 일행에게
지도를 확인해 보겠다고 말할 때

Daniel How do we get to the station?
우리 역까지 어떻게 가?

Emma I'm not sure.
잘 모르겠어.

Let me see the map.
지도를 확인해 볼게.

Day 39

어떤 것을 이야기하겠다고 말할 때 쓰는 만능 패턴

Let me tell you ~

너에게 ~을 말해줄게

상대에게 이제부터 어떤 것을 이야기하겠다고 말할 때 쓰는 패턴이에요. '말하다'라는 뜻의 tell을 let me 뒤에 쓰면 '내가 말하게 해줘'라는 뜻으로, "내가 말해줄게."라는 의미가 되고, 주로 하고 싶은 말을 시작하면서 관심을 끌 때 이렇게 말을 시작해요. Let me tell you 패턴 뒤에 시작하고 싶은 말을 넣어 말해보세요.

무료 강의 및 MP3 바로 듣기

Step 1

Let me tell you 패턴으로 미국인이 많이 쓰는 TOP 5 문장 따라 하며 말해보기

Let me tell you something.
너에게 무언가를 말해줄게.
사용빈도 약 2,023,000회

Let me tell you this.
너에게 이것을 말해줄게.
사용빈도 약 1,733,900회

Let me tell you a story.
너에게 이야기를 말해줄게.
사용빈도 약 725,240회

Let me tell you the truth.
너에게 진실을 말해줄게.
사용빈도 약 563,000회

Let me tell you a secret.
너에게 비밀을 말해줄게.
사용빈도 약 516,778회

이런 말도 할 수 있어요.

Let me tell you ______.

- **my idea** 내 생각
- **what happened** 무엇이 일어났었는지
- **about my friend** 내 친구에 대해

truth 진실, 사실 secret 비밀 happen (일이) 일어나다

Step 2

이번에는 우리말만 보고 **Let me tell you** 패턴으로 문장 말해보기

너에게 무언가를 말해줄게.	**Let me tell you** something.
너에게 이것을 말해줄게.	
너에게 이야기를 말해줄게.	
너에게 진실을 말해줄게.	
너에게 비밀을 말해줄게.	
너에게 내 생각을 말해줄게.	

Step 3

Let me tell you 패턴이 들어간 실제 대화 따라 하며 말해보기

조언이 필요해 보이는 사람에게
내 생각을 이야기하겠다고 말할 때

Michael I'm worried because I can't find a new house.
새집을 못 찾아서 걱정돼.

Jessica **Let me tell you** my idea.
너에게 내 생각을 말해줄게.

You should find a realtor first.
너는 우선 부동산 중개인을 찾아야 해.

<유주얼 서스펙트>에서
무언가 이야기하겠다고 말할 때

Kujan **Let me tell you** something.
너에게 무언가를 말해줄게.

I know what you did. So, tell me the truth.
난 네가 무엇을 했는지 알아. 그러니, 진실을 말해.

Verbal You got me wrong.
절 오해하고 계신 거예요.

Day 40

무언가 알려주겠다고 말할 때 쓰는 만능 패턴

I'll let you know ~

너한테 ~ 알려줄게

무언가 알려주겠다고 말할 때 쓰는 패턴이에요. let you는 '네가 ~하게 하다'라는 뜻으로, I'll let you 뒤에 know를 쓰면 "네가 알게 해 줄게.", 즉 "너한테 알려줄게."라는 의미가 돼요. I'll let you know 패턴 뒤에 상대에게 알려줄 일을 넣어 말해보세요.

무료 강의 및 MP3 바로 듣기

Step 1

I'll let you know 패턴으로 미국인이 많이 쓰는 TOP 5 문장 따라 하며 말해보기

I'll let you know the result.
너한테 결과를 알려줄게.
사용빈도 약 757,900회

I'll let you know how it goes.
너한테 어떻게 돼가는지 알려줄게.
사용빈도 약 523,200회

I'll let you know if I need you.
너한테 네가 필요하면 알려줄게.
사용빈도 약 244,200회

I'll let you know as soon as possible.
너한테 가능한 한 빨리 알려줄게.
사용빈도 약 139,670회

I'll let you know right now.
너한테 지금 당장 알려줄게.
사용빈도 약 129,940회

이런 말도 할 수 있어요.

I'll let you know ________.

- **the decision** 결정을
- **the test results** 시험 결과를
- **the directions** 방향을

result 결과 as soon as possible 가능한 한 빨리 decision 결정 direction 방향

Step 2

이번에는 우리말만 보고 **I'll let you know** 패턴으로 문장 말해보기

너한테 결과를 **알려줄게.**	**I'll let you know** the result.
너한테 어떻게 돼가는지 **알려줄게.**	
너한테 네가 필요하면 **알려줄게.**	
너한테 가능한 한 빨리 **알려줄게.**	
너한테 지금 당장 **알려줄게.**	
너한테 결정을 **알려줄게.**	

Step 3

I'll let you know 패턴이 들어간 실제 대화 따라 하며 말해보기

면접을 응원해주는 사람에게
결과를 알려주겠다고 말할 때

Michael Good luck with your interview.
네 면접에 행운을 빌어.

Jessica Thanks.
고마워.

I'll let you know the result.
너한테 결과를 알려줄게.

택배를 기다리는 사람에게
가능한 한 빨리 알려주겠다고 말할 때

Daniel Did I get a package?
나한테 온 택배 있어?

Emma Not yet.
아직.

I'll let you know as soon as possible.
너한테 가능한 한 빨리 알려줄게.

왕초보영어 탈출
해커스톡
HackersTalk.co.kr

I want/know 패턴

Day 41
상대에게 어떤 일을 하라고 요청할 때 쓰는 만능 패턴
I want you to ~ 네가 ~하면 좋겠어

Day 42
상대에게 어떤 일을 하지 말라고 요청할 때 쓰는 만능 패턴
I don't want you to ~ 네가 ~하지 않으면 좋겠어

Day 43
내가 어떤 일을 하기를 원하는지 물을 때 쓰는 만능 패턴
Do you want me to ~? 내가 ~하면 좋겠어?

Day 44
어떤 일을 하는 방법을 안다고 말할 때 쓰는 만능 패턴
I know how to ~ 나 ~하는 방법을 알아

Day 45
방법을 아는지 물어볼 때 쓰는 만능 패턴
Do you know how to ~? 너 ~하는 방법 알아?

Day 46
무언가를 아는지 물을 때 쓰는 만능 패턴
Do you know what ~? 너 ~ (무엇)인지 알아?

Day 47
어떤 사실을 알고 있었는지 물어볼 때 쓰는 만능 패턴
Did you know ~? 너 ~ 알고 있었어?

Day 41

상대에게 어떤 일을 하라고 요청할 때 쓰는 만능 패턴

I want you to ~

네가 ~하면 좋겠어

상대에게 어떤 일을 하라고 요청할 때 쓰는 패턴이에요. 상대가 어떤 일을 했으면 좋겠다는 비교적 직설적인 의미가 포함되어 있기 때문에 가깝고 편한 사이에서 주로 써요. I want you to 패턴 뒤에 상대에게 하라고 요청하는 일을 넣어 말해보세요.

무료 강의 및 MP3 바로 듣기

Step 1

I want you to 패턴으로 미국인이 많이 쓰는 TOP 5 문장 따라 하며 말해보기

I want you to know.
네가 알고 있으면 좋겠어.
사용빈도 약 18,318,000회

I want you to stay.
네가 머무르면 좋겠어.
사용빈도 약 15,942,000회

I want you to do something for me.
네가 날 위해 무언가 하면 좋겠어.
사용빈도 약 12,040,000회

I want you to be happy.
네가 행복하면 좋겠어.
사용빈도 약 4,719,000회

I want you to be honest.
네가 솔직하면 좋겠어.
사용빈도 약 3,709,000회

이런 말도 할 수 있어요.

I want you to ______.

- **be quiet** 조용히 하다
- **try harder** 더 열심히 노력하다
- **come with me** 나와 함께 가다

stay 머무르다 honest 솔직한 quiet 조용한

Step 2
이번에는 우리말만 보고 **I want you to** 패턴으로 문장 말해보기

네가 알고 있으면 **좋겠어.**	**I want you to** know.
네가 머무르면 **좋겠어.**	
네가 날 위해 무언가 하면 **좋겠어.**	
네가 행복하면 **좋겠어.**	
네가 솔직하면 **좋겠어.**	
네가 조용히 하면 **좋겠어.**	

Step 3
I want you to 패턴이 들어간 실제 대화 따라 하며 말해보기

무언가 해줬으면 하는 사람에게
날 위해 무언가를 하라고 요청할 때

Michael **I want you to** do something for me.
네가 날 위해 무언가 하면 좋겠어.

Jessica Sure. What do you want?
그럼. 뭘 원하는데?

거짓말하는 것 같은 사람에게
솔직하게 말하라고 요청할 때

Daniel Where were you last night?
너 어젯밤에 어디에 있었어?

I want you to be honest.
네가 솔직하면 좋겠어.

Emma Sorry. I went out with my friends.
미안해. 친구들이랑 나갔어.

Day 42

상대에게 어떤 일을 하지 말라고 요청할 때 쓰는 만능 패턴

I don't want you to ~

네가 ~하지 않으면 좋겠어

상대에게 어떤 일을 하지 말라고 요청할 때 쓰는 패턴이에요. I want you to 패턴에 don't만 붙이면 상대가 어떤 일을 하지 않으면 좋겠다는 의미가 돼요. I don't want you to 패턴 뒤에 하지 말라고 상대에게 요청하는 일을 넣어 말해보세요.

무료 강의 및 MP3 바로 듣기

Step 1
I don't want you to 패턴으로 미국인이 많이 쓰는 TOP 5 문장 따라 하며 말해보기

I don't want you to go.
네가 가지 않으면 좋겠어.
사용빈도 약 20,670,000회

I don't want you to be afraid.
네가 두려워하지 않으면 좋겠어.
사용빈도 약 10,939,000회

I don't want you to buy it.
네가 그것을 사지 않으면 좋겠어.
사용빈도 약 10,079,000회

I don't want you to worry.
네가 걱정하지 않으면 좋겠어.
사용빈도 약 2,333,000회

I don't want you to wait for me.
네가 나를 기다리지 않으면 좋겠어.
사용빈도 약 1,844,700회

이런 말도 할 수 있어요.

I don't want you to ______.

- **be hurt** 다치다
- **feel bad** 기분이 나쁘다
- **tell anyone about this** 이것에 대해 누구에게 말하다

afraid 두려워하는 worry 걱정하다 hurt 다친

Step 2

이번에는 우리말만 보고 **I don't want you to** 패턴으로 문장 말해보기

네가 가지 않으면 좋겠어.	**I don't want you to** go.
네가 두려워하지 않으면 좋겠어.	
네가 그것을 사지 않으면 좋겠어.	
네가 걱정하지 않으면 좋겠어.	
네가 나를 기다리지 않으면 좋겠어.	
네가 다치지 않으면 좋겠어.	

Step 3

I don't want you to 패턴이 들어간 실제 대화 따라 하며 말해보기

떠나려는 사람에게
가지 말라고 요청할 때

Michael **I don't want you to** go.
네가 가지 않으면 좋겠어.

Jessica I'm sorry, but I should leave now.
미안해, 근데 나 지금 가야 해.

무언가 사려는 사람에게
사지 말라고 요청할 때

Daniel I'll buy this shirt.
나 이 셔츠 살 거야.

Emma **I don't want you to** buy it.
네가 그것을 사지 않으면 좋겠어.

You have almost the same one.
너 거의 똑같은 거 있잖아.

Day 43

내가 어떤 일을 하기를 원하는지 물을 때 쓰는 만능 패턴

Do you want me to ~?

내가 ~하면 좋겠어?

내가 어떤 일을 하기를 원하는지 상대에게 물을 때 쓰는 패턴이에요. I want you to 패턴에서 I want you를 Do you want me로 바꾸기만 하면 내가 어떤 일을 하는 것을 상대가 원하는지 묻는 말이 돼요. Do you want me to 패턴 뒤에 내가 하기를 원하는지 묻고 싶은 일을 넣어 말해보세요.

무료 강의 및 MP3 바로 듣기

Step 1

Do you want me to 패턴으로 미국인이 많이 쓰는 TOP 5 문장 따라 하며 말해보기

Do you want me to help?
내가 도와주면 좋겠어?
사용빈도 약 12,044,000회

Do you want me to leave?
내가 떠나면 좋겠어?
사용빈도 약 9,467,400회

Do you want me to stay?
내가 머무르면 좋겠어?
사용빈도 약 8,554,700회

Do you want me to talk to him?
내가 그와 얘기하면 좋겠어?
사용빈도 약 4,774,002회

Do you want me to come over?
내가 들르면 좋겠어?
사용빈도 약 2,765,700회

이런 말도 할 수 있어요.

Do you want me to ______?

- **call you later** 나중에 전화하다
- **go now** 지금 가다
- **meet your parents** 네 부모님을 만나다

leave 떠나다 come over 들르다

Step 2
이번에는 우리말만 보고 **Do you want me to** 패턴으로 문장 말해보기

내가 도와주면 좋겠어?	**Do you want me to** help?
내가 떠나면 좋겠어?	
내가 머무르면 좋겠어?	
내가 그와 얘기하면 좋겠어?	
내가 들르면 좋겠어?	
내가 나중에 전화하면 좋겠어?	

Step 3
Do you want me to 패턴이 들어간 실제 대화 따라 하며 말해보기

혼자 있기 싫어하는 사람에게
내가 머무르길 원하는지 물을 때

Michael I don't want to be here by myself.
나 여기 혼자 있고 싶지 않아.

Jessica **Do you want me to** stay?
내가 머무르면 좋겠어?

<토르: 다크 월드>에서
내가 다시 전화하길 원하는지 물을 때

Richard Is this a bad time?
지금 안 좋은 때인가요?

Do you want me to call you later?
내가 나중에 전화하면 좋겠어요?

Jane No! Please do not hang up the phone.
아니에요! 전화 끊지 말아 주세요.

Day 44

어떤 일을 하는 방법을 안다고 말할 때 쓰는 만능 패턴

I know how to ~

나 ~하는 방법을 알아

어떤 일을 하는 방법을 안다고 말할 때 쓰는 패턴이에요. how to는 '~하는 방법'이라는 의미예요. I know how to 패턴 뒤에 할 줄 아는 일을 넣어 말해보세요.

무료 강의 및 MP3 바로 듣기

Step 1

I know how to 패턴으로 미국인이 많이 쓰는 TOP 5 문장 따라 하며 말해보기

I know how to get there.
나 그곳에 가는 방법을 알아.
사용빈도 약 9,428,000회

I know how to solve the problem.
나 그 문제를 푸는 방법을 알아.
사용빈도 약 5,445,000회

I know how to cook.
나 요리하는 방법을 알아.
사용빈도 약 4,899,000회

I know how to fix it.
나 그것을 고치는 방법을 알아.
사용빈도 약 3,260,000회

I know how to knit.
나 뜨개질하는 방법을 알아.
사용빈도 약 1,410,000회

이런 말도 할 수 있어요.

I know how to ________.
- **play the piano** 피아노 치다
- **surf** 파도타기를 하다
- **ride a bike** 자전거를 타다

solve 풀다, 해결하다 problem 문제 fix 고치다 knit 뜨개질을 하다

Step 2
이번에는 우리말만 보고 **I know how to** 패턴으로 문장 말해보기

나 그곳에 가는 **방법을 알아.** — **I know how to** get there.

나 그 문제를 푸는 **방법을 알아.**

나 요리하는 **방법을 알아.**

나 그것을 고치는 **방법을 알아.**

나 뜨개질하는 **방법을 알아.**

나 피아노 치는 **방법을 알아.**

Step 3
I know how to 패턴이 들어간 실제 대화 따라 하며 말해보기

전등이 나가서 걱정하는 사람에게
고치는 방법을 안다고 말할 때

Michael — The light went out.
전등이 나갔어.

Jessica — Don't worry.
걱정하지마.

I know how to fix it.
나 그것을 고치는 방법을 알아.

<8 마일>에서
그곳에 가는 방법을 안다고 말할 때

B-Rabbit — Take him to McDougal.
그를 McDougal에게 데려가.

Future — I live here.
나 이곳에 살아.

I know how to get there.
나 그곳에 가는 방법을 알아.

Day 45

방법을 아는지 물어볼 때 쓰는 만능 패턴

Do you know how to ~?

너 ~하는 방법 알아?

상대에게 어떤 일을 하는 방법을 아는지 물어볼 때 쓰는 패턴이에요. I know how to 패턴에서 I를 Do you로 바꾸기만 하면 상대에게 방법을 아는지 묻는 말이 돼요. Do you know how to 패턴 뒤에 상대가 할 줄 아는지 궁금한 일을 넣어 말해보세요.

무료 강의 및 MP3 바로 듣기

Step 1

Do you know how to 패턴으로 미국인이 많이 쓰는 TOP 5 문장 따라 하며 말해보기

Do you know how to do it?
너 그것을 하는 방법 알아?
사용빈도 약 172,640,000회

Do you know how to get there?
너 그곳에 가는 방법 알아?
사용빈도 약 25,311,000회

Do you know how to drive?
너 운전하는 방법 알아?
사용빈도 약 10,845,000회

Do you know how to sew?
너 바느질하는 방법 알아?
사용빈도 약 1,770,000회

Do you know how to spell?
너 철자를 쓰는 방법 알아?
사용빈도 약 1,571,900회

철자가 어려운 영어 단어를 쓸 줄 아는지 물어볼 때 써요.

이런 말도 할 수 있어요.

Do you know how to ______?

- **use it** 그것을 사용하다
- **make pizza** 피자를 만들다
- **get tickets** 표를 사다

sew 바느질하다 spell 철자를 쓰다

Step 2

이번에는 우리말만 보고 **Do you know how to** 패턴으로 문장 말해보기

너 그것을 하는 **방법 알아?**	**Do you know how to** do it?
너 그곳에 가는 **방법 알아?**	
너 운전하는 **방법 알아?**	
너 바느질하는 **방법 알아?**	
너 철자를 쓰는 **방법 알아?**	
너 그것을 사용하는 **방법 알아?**	

Step 3

Do you know how to 패턴이 들어간 실제 대화 따라 하며 말해보기

기계를 켜는 방법을 알 수도 있는 사람에게
그것을 하는 방법을 아는지 물어볼 때

Michael I have no idea how to turn on this machine.
이 기계를 어떻게 켜는지 전혀 모르겠어.

Do you know how to do it?
너 그것을 하는 방법 알아?

Jessica You need to plug in the cord first.
먼저 코드를 꽂아야 해.

운전을 부탁할 사람에게
운전하는 방법을 아는지 물어볼 때

Daniel I'm so tired.
나 너무 피곤해.

Do you know how to drive?
너 운전하는 방법 알아?

Emma No. I never learned.
아니. 나 배운 적 없어.

Day 46

무언가를 아는지 물을 때 쓰는 만능 패턴

Do you know what ~?

너 ~ (무엇)인지 알아?

상대에게 무언가를 아는지 물을 때 쓰는 패턴이에요. Do you know what 패턴 뒤에 상대가 아는지 궁금한 것을 넣어 말해보세요.

무료 강의 및 MP3 바로 듣기

Step 1
Do you know what 패턴으로 미국인이 많이 쓰는 TOP 5 문장 따라 하며 말해보기

Do you know what it is?
너 그것이 무엇인지 알아?
사용빈도 약 259,770,000회

Do you know what I mean?
너 내 말 무슨 뜻인지 알아?
사용빈도 약 33,796,000회

Do you know what happened?
너 무엇이 일어났는지 알아?
사용빈도 약 26,643,000회

Do you know what the problem is?
너 문제가 무엇인지 알아?
사용빈도 약 12,394,000회

Do you know what time it is?
너 지금 몇 시인지 알아?
사용빈도 약 534,900회

이런 말도 할 수 있어요.

Do you know what [   ]?
- **she said** 그녀가 말했다
- **they want** 그들이 원하다
- **we decided to do** 우리가 하기로 결정했다

mean 뜻하다 happen (일이) 일어나다 decide 결정하다

Step 2
이번에는 우리말만 보고 **Do you know what** 패턴으로 문장 말해보기

너 그것이 무엇**인지 알아**? — **Do you know what** it is?

너 내 말 무슨 뜻**인지 알아**?

너 무엇이 일어났**는지 알아**?

너 문제가 무엇**인지 알아**?

너 지금 몇 시**인지 알아**?

너 그녀가 말한 게 무엇**인지 알아**?

Step 3
Do you know what 패턴이 들어간 실제 대화 따라 하며 말해보기

무언가 알 수도 있는 사람에게
무엇이 일어났는지 아는지 물을 때

Michael Why is she crying?
그녀는 왜 울고 있어?

Do you know what happened?
너 무엇이 일어났는지 알아?

Jessica She broke up with her boyfriend.
남자친구랑 헤어졌대.

<매트릭스>에서
그것이 무엇인지 아는지 물을 때

Morpheus There is another organism on this planet.
이 행성에는 또 다른 생명체가 있지.

Do you know what it is?
너 그것이 무엇인지 알아?

Neo A virus.
바이러스죠.

Day 47

어떤 사실을 알고 있었는지 물어볼 때 쓰는 만능 패턴

Did you know ~?

너 ~ 알고 있었어?

상대가 어떤 사실을 알고 있었는지 확인하기 위해 물어볼 때 쓰는 패턴이에요. 나는 몰랐던 것이나, 상대가 알고 있는 것에 대한 놀라움을 표현할 때도 쓸 수 있어요. Did you know 패턴 뒤에 상대가 알고 있었는지 확인하고 싶은 사실을 넣어 말해보세요.

· 무료 강의 및 MP3 바로 듣기

Step 1

Did you know 패턴으로 미국인이 많이 쓰는 TOP 5 문장 따라 하며 말해보기

Did you know about this?
너 이것에 대해 알고 있었어?
사용빈도 약 14,060,000회

Did you know it's my birthday?
너 내 생일인 것 알고 있었어?
사용빈도 약 2,163,000회

Did you know about the changes?
너 그 변화에 대해 알고 있었어?
사용빈도 약 1,526,000회

Did you know I was here?
너 내가 여기 있었던 것 알고 있었어?
사용빈도 약 1,265,200회

Did you know I missed you?
너 내가 너를 그리워했다는 것 알고 있었어?
사용빈도 약 384,000회

이런 말도 할 수 있어요.

Did you know ______?

- **who that was** 그게 누구였는지
- **it's snowing** 눈이 오고 있다
- **I worked there** 내가 거기서 일했다

miss 그리워하다

Step 2
이번에는 우리말만 보고 **Did you know** 패턴으로 문장 말해보기

너 이것에 대해 **알고 있었어?**	**Did you know** about this?
너 내 생일인 것 **알고 있었어?**	
너 그 변화에 대해 **알고 있었어?**	
너 내가 여기 있었던 것 **알고 있었어?**	
너 내가 너를 그리워했다는 것 **알고 있었어?**	
너 그게 누구였는지 **알고 있었어?**	

Step 3
Did you know 패턴이 들어간 실제 대화 따라 하며 말해보기

알고 있었는지 궁금한 사람에게
이것에 대해 알고 있었는지 물어볼 때

Michael Sarah had a baby.
사라는 아이를 낳았어.

Did you know about this?
너 이것에 대해 알고 있었어?

Jessica No. I didn't know. That's great news!
아니. 몰랐어. 정말 기쁜 소식이네!

나를 발견한 사람에게
여기 있었던 걸 알고 있었는지 물어볼 때

Daniel **Did you know** I was here?
너 내가 여기 있었던 것 알고 있었어?

Emma Yes. I've been looking for you.
응. 나 너를 찾고 있었어.

왕초보영어 탈출
해커스톡
HackersTalk.co.kr

I think 패턴

Day 48
어떤 일을 하겠다고 조심스레 말할 때 쓰는 만능 패턴
I think I should ~ 나 ~해야 할 것 같아

Day 49
어떤 일을 하지 않겠다고 조심스레 말할 때 쓰는 만능 패턴
I don't think I should ~ 나 ~하면 안 될 것 같아

Day 50
어떤 일을 전혀 예상치 못했다고 말할 때 쓰는 만능 패턴
I never thought ~ ~할 거라고 생각도 못 했어

Day 51
과거에 어떻게 생각했었는지 말할 때 쓰는 만능 패턴
I thought it was ~ 나 ~였다고 생각했어

Day 52
어떤 일을 하지 말라고 강력하게 말할 때 쓰는 만능 패턴
Don't even think about ~ ~할 생각도 하지 마

Day 48

어떤 일을 하겠다고 조심스레 말할 때 쓰는 만능 패턴

I think I should ~

나 ~해야 할 것 같아

내가 하고 싶거나 하려고 하는 일을 상대에게 조심스레 말할 때 쓰는 패턴이에요. '나 ~ 해야 해'라는 의미의 I should 앞에 I think를 써서 "나 ~해야 할 것 같아."라고 조심스럽게 표현해 주는 거예요. I think I should 패턴 뒤에 내가 할 일을 넣어 말해보세요.

무료 강의 및 MP3 바로 듣기

Step 1
I think I should 패턴으로 미국인이 많이 쓰는 TOP 5 문장 따라 하며 말해보기

I think I should go back.
나 돌아가야 할 것 같아.
사용빈도 약 3,370,000회

I think I should leave.
나 떠나야 할 것 같아.
사용빈도 약 1,411,400회

I think I should go to the hospital.
나 병원에 가야 할 것 같아.
사용빈도 약 875,300회

I think I should go to bed.
나 자러 가야 할 것 같아.
사용빈도 약 715,600회

I think I should take a break.
나 휴식을 취해야 할 것 같아.
사용빈도 약 588,800회

이런 말도 할 수 있어요.

I think I should ______.
- **stay** 머무르다
- **ask someone** 누군가에게 물어보다
- **check again** 다시 확인하다

hospital 병원 take a break 휴식을 취하다 check 확인하다

Step 2
이번에는 우리말만 보고 **I think I should** 패턴으로 문장 말해보기

나 돌아가야 할 것 같아.	**I think I should** go back.
나 떠나야 할 것 같아.	
나 병원에 가야 할 것 같아.	
나 자러 가야 할 것 같아.	
나 휴식을 취해야 할 것 같아.	
나 머물러야 할 것 같아.	

Step 3
I think I should 패턴이 들어간 실제 대화 따라 하며 말해보기

함께 있는 사람에게
가겠다고 조심스레 말할 때

Michael **I think I should** leave.
나 떠나야 할 것 같아.

I'm not feeling well.
몸이 안 좋아.

Jessica Oh dear. I'll call you a taxi.
이런. 내가 택시 불러 줄게.

<이터널 선샤인>에서
돌아가겠다고 조심스레 말할 때

Joel **I think I should** go back.
나 돌아가야 할 것 같아.

The ice seems to be breaking.
빙판이 깨지고 있는 것 같아.

Clementine Do you really care about that right now?
지금 정말 그게 신경 쓰여?

Day 49

어떤 일을 하지 않겠다고 조심스레 말할 때 쓰는 만능 패턴

I don't think I should ~

나 ~하면 안 될 것 같아

내가 하고 싶지 않거나 하지 않으려고 하는 일을 상대에게 조심스레 말할 때 쓰는 패턴이에요. I think I should 패턴에 don't만 붙이면 어떤 일을 하면 안 될 것 같다는 의미가 돼요. I don't think I should 패턴 뒤에 하지 않을 일을 넣어 말해보세요.

무료 강의 및 MP3 바로 듣기

Step 1

I don't think I should 패턴으로 미국인이 많이 쓰는 TOP 5 문장 따라 하며 말해보기

I don't think I should say it.
나 그것을 말하면 안 될 것 같아.
사용빈도 약 9,669,000회

I don't think I should be here.
나 여기에 있으면 안 될 것 같아.
사용빈도 약 4,965,000회

I don't think I should go.
나 가면 안 될 것 같아.
사용빈도 약 2,623,000회

I don't think I should eat this.
나 이것을 먹으면 안 될 것 같아.
사용빈도 약 2,153,881회

I don't think I should tell you.
나 네게 이야기해주면 안 될 것 같아.
사용빈도 약 421,000회

이런 말도 할 수 있어요.

I don't think I should ______.

believe that 그것을 믿다
open it 그것을 열다
leave it here 그것을 이곳에 두다

leave 두다, 남기다

Step 2
이번에는 우리말만 보고 **I don't think I should** 패턴으로 문장 말해보기

나 그것을 말하면 안 될 것 같아. **I don't think I should** say it.

나 여기에 있으면 안 될 것 같아.

나 가면 안 될 것 같아.

나 이것을 먹으면 안 될 것 같아.

나 네게 이야기해주면 안 될 것 같아.

나 그것을 믿으면 안 될 것 같아.

Step 3
I don't think I should 패턴이 들어간 실제 대화 따라 하며 말해보기

음식을 준 사람에게
먹지 않겠다고 조심스레 말할 때

Michael **I don't think I should** eat this.
나 이것을 먹으면 안 될 것 같아.
My stomach is a little upset.
속이 좀 안 좋아.

Jessica Don't eat it then.
그럼 그것을 먹지 마.

<인셉션>에서
얘기해주지 않겠다고 조심스레 말할 때

Cobb Did Eames add new features?
Eames가 새로운 기능을 추가했어?

Ariadne **I don't think I should** tell you.
나 네게 이야기해주면 안 될 것 같아.

Day 50

어떤 일을 전혀 예상치 못했다고 말할 때 쓰는 만능 패턴

I never thought ~

~할 거라고 생각도 못 했어

예상하지 못한 상황이 벌어진 것에 대해 놀라움을 나타내거나 변명할 때 쓰는 패턴이에요. '전혀 ~하지 않은'이라는 뜻의 never를 써서 "전혀 생각 못 했어."라고 강조해 주는 거예요. I never thought 패턴 뒤에 전혀 예상하지 못한 일을 넣어 말해보세요.

무료 강의 및 MP3 바로 듣기

Step 1

I never thought 패턴으로 미국인이 많이 쓰는 TOP 5 문장 따라 하며 말해보기

I never thought I could do it.
내가 그것을 할 수 있을 거라고 생각도 못 했어.
사용빈도 약 6,064,000회

I never thought I would have to.
내가 해야 할 거라고 생각도 못 했어.
사용빈도 약 4,781,000회

I never thought I would be here.
내가 여기 있게 될 거라고 생각도 못 했어.
사용빈도 약 2,250,500회

I never thought I could say this.
내가 이것을 말할 수 있을 거라고 생각도 못 했어.
사용빈도 약 612,400회

I never thought I would need it.
내가 그게 필요할 거라고 생각도 못 했어.
사용빈도 약 244,000회

이런 말도 할 수 있어요.

I never thought ______.

you would miss me 네가 나를 그리워하다
it was you 그것이 너였다
anyone was there 누가 그곳에 있었다

miss 그리워하다

Step 2
이번에는 우리말만 보고 **I never thought** 패턴으로 문장 말해보기

내가 그것을 할 수 있을 **거라고 생각도 못 했어.**	**I never thought** I could do it.
내가 해야 **할 거라고 생각도 못 했어.**	
내가 여기 있게 **될 거라고 생각도 못 했어.**	
내가 이것을 말할 수 있을 **거라고 생각도 못 했어.**	
내가 그게 필요**할 거라고 생각도 못 했어.**	
네가 나를 그리워**할 거라고 생각도 못 했어.**	

Step 3
I never thought 패턴이 들어간 실제 대화 따라 하며 말해보기

개업을 축하해주는 사람에게
할 수 있다는 것을 전혀 예상치 못했다고 말할 때

Michael Congratulations on your new business.
새로운 사업 축하해.

Jessica Thanks.
고마워.

I never thought I could do it.
내가 그것을 할 수 있을 거라고 생각도 못 했어.

운전을 배우지 않은 것에 대해 묻는 사람에게
해야 한다는 것을 전혀 예상치 못했다고 말할 때

Daniel Why did you never learn to drive?
운전하는 거 왜 안 배웠어?

Emma **I never thought** I would have to.
내가 해야 할 거라고 생각도 못 했어.

I usually take the bus.
보통 버스를 타거든.

Day 51

과거에 어떻게 생각했었는지 말할 때 쓰는 만능 패턴

I thought it was ~

~였다고 생각했어

과거에 어떻게 생각했었는지를 말할 때 쓰는 패턴이에요. 내가 잘못 생각했다는 것을 시인하거나, 어떤 일을 잘못하게 된 이유를 말할 때도 쓸 수 있어요. I thought it was 패턴 뒤에 과거에 어떻게 생각했었는지를 넣어 말해보세요.

무료 강의 및 MP3 바로 듣기

Step 1

I thought it was 패턴으로 미국인이 많이 쓰는 TOP 5 문장 따라 하며 말해보기

I thought it was a good idea.
좋은 아이디어였다고 생각했어.
사용빈도 약 18,292,000회

I thought it was a mistake.
실수였다고 생각했어.
사용빈도 약 15,131,000회

I thought it was a joke.
농담이었다고 생각했어.
사용빈도 약 4,356,000회

I thought it was wrong.
그것이 틀렸다고 생각했어.
사용빈도 약 3,158,000회

I thought it was you.
그것이 너였다고 생각했어.
사용빈도 약 2,030,000회

이런 말도 할 수 있어요.

I thought it was ________.

- **only me** 오직 나 혼자만
- **on sale** 세일 중인
- **fun** 재밌는

mistake 실수 joke 농담 alone 혼자

Step 2

이번에는 우리말만 보고 **I thought it was** 패턴으로 문장 말해보기

좋은 아이디어였다고 생각했어.	**I thought it was** a good idea.
실수였다고 생각했어.	
농담이었다고 생각했어.	
그것이 틀렸다고 생각했어.	
그것이 너였다고 생각했어.	
오직 나 혼자만이었다고 생각했어.	

Step 3

I thought it was 패턴이 들어간 실제 대화 따라 하며 말해보기

파티에 안 온 이유를 묻는 사람에게
농담이라 생각했었다고 말할 때

Michael Why didn't you come to the party?
왜 파티에 안 왔어?

Jessica Were you serious?
너 진지했어?

I thought it was a joke.
농담이었다고 생각했어.

<엑스맨: 퍼스트 클래스>에서
혼자라 생각했었다고 말할 때

Erik **I thought it was** only me.
오직 나 혼자만이었다고 생각했어.

Charles Erik, you're not alone.
에릭, 넌 혼자가 아니야.

Day 52

어떤 일을 하지 말라고 강력하게 말할 때 쓰는 만능 패턴

Don't even think about ~

~할 생각도 하지 마

상대에게 어떤 일을 하지 말라고 강력하게 말할 때 쓰는 패턴이에요. even은 '~도, 조차'라는 의미예요. Don't even think about 패턴 뒤에 하지 말라고 하고 싶은 일을 넣어 말해보세요.

무료 강의 및 MP3 바로 듣기

Step 1

Don't even think about 패턴으로 미국인이 많이 쓰는 TOP 5 문장 따라 하며 말해보기

Don't even think about it.
그것을 생각도 하지 마.
사용빈도 약 8,090,500회

Don't even think about leaving.
떠날 생각도 하지 마.
사용빈도 약 171,000회

Don't even think about trying.
시도할 생각도 하지 마.
사용빈도 약 163,000회

Don't even think about doing it.
그것을 할 생각도 하지 마.
사용빈도 약 115,920회

Don't even think about shopping.
쇼핑할 생각도 하지 마.
사용빈도 약 106,870회

이런 말도 할 수 있어요.

Don't even think about ______.

- **touching it** 그것을 만지는 것
- **lying to me** 나한테 거짓말하는 것
- **going out** 외출하는 것

lie 거짓말하다 go out 외출하다

Step 2

이번에는 우리말만 보고 **Don't even think about** 패턴으로 문장 말해보기

그것을 **생각도 하지 마.**	**Don't even think about** it.
떠날 **생각도 하지 마.**	
시도할 **생각도 하지 마.**	
그것을 할 **생각도 하지 마.**	
쇼핑할 **생각도 하지 마.**	
그것을 만질 **생각도 하지 마.**	

Step 3

Don't even think about 패턴이 들어간 실제 대화 따라 하며 말해보기

쇼핑하고 싶어하는 사람에게
쇼핑을 하지 말라고 강력하게 말할 때

Michael **Don't even think about** shopping.
쇼핑할 생각도 하지 마.

We have everything we need.
우리 필요한 건 다 있어.

Jessica But I want that lamp.
하지만 난 저 램프를 원해.

<토이 스토리>에서
만지지 말라고 강력하게 말할 때

Buzz Cowboy. **Don't even think about** touching my helmet.
카우보이 씨. 내 헬멧을 만질 생각도 하지 마.

Woody Oh, yeah, tough guy?
아, 그래, 터프가이 씨?

왕초보영어 탈출
해커스톡
HackersTalk.co.kr

Who / What 패턴

Day 53
어떤 일을 누가 할지 물어볼 때 쓰는 만능 패턴
Who's going to ~? 누가 ~할까?

Day 54
어떤 일을 아무도 안 할 것이라고 말할 때 쓰는 만능 패턴
Who would ~? 누가 ~하겠어?

Day 55
행동이나 상황의 결과가 어떻게 되는지 물어볼 때 쓰는 만능 패턴
What if ~? 만약 ~하면 어떨까/어쩌지?

Day 56
유형이나 종류를 구체적으로 물어볼 때 쓰는 만능 패턴
What kind of ~? ~은 어떤 유형이야/종류야?

Day 57
특정한 것에 대한 의견을 물어볼 때 쓰는 만능 패턴
What do you say to ~? ~은 어때?

Day 58
이유가 무엇인지 물어볼 때 쓰는 만능 패턴
What makes you ~? 무엇이 너를 ~하게 해?

Day 53

어떤 일을 누가 할지 물어볼 때 쓰는 만능 패턴

Who's going to ~?

누가 ~할까?

어떤 일을 누가 할지 물어볼 때 쓰는 패턴이에요. 해야 할 일을 누가 맡을지 담당자를 정할 때도 쓸 수 있어요. Who's going to 패턴 뒤에 누가 할지 물어볼 일을 넣어 말해보세요.

무료 강의 및 MP3 바로 듣기

Step 1
Who's going to 패턴으로 미국인이 많이 쓰는 TOP 5 문장 따라 하며 말해보기

Who's going to come?
누가 올까?
사용빈도 약 1,092,000회

Who's going to win?
누가 이길까?
사용빈도 약 567,200회

Who's going to help me?
누가 나를 도와줄까?
사용빈도 약 372,800회

Who's going to pay for this?
누가 이거 계산할까?
사용빈도 약 295,400회

Who's going to cook?
누가 요리할까?
사용빈도 약 209,600회

이런 말도 할 수 있어요.

Who's going to ______?

→ **drive** 운전하다
pick him up 그를 태우러 가다
teach us 우리를 가르치다

pay for 계산하다 pick up 태우러 가다

Step 2
이번에는 우리말만 보고 **Who's going to** 패턴으로 문장 말해보기

누가 올까?	**Who's going to** come?
누가 이길까?	
누가 나를 도와줄까?	
누가 이거 계산할까?	
누가 요리할까?	
누가 운전할까?	

Step 3
Who's going to 패턴이 들어간 실제 대화 따라 하며 말해보기

함께 저녁을 먹기로 한 사람에게
누가 요리할지 물어볼 때

Michael Let's eat dinner at home tonight.
오늘 밤엔 집에서 저녁 먹자.

Jessica OK. **Who's going to** cook?
그래. 누가 요리할까?

<트랜스포터>에서
누가 운전할지 물어볼 때

Frank **Who's going to** drive?
누가 운전할까?

Thug Shoot this man!
이 사람 쏴버려!
I'll drive!
내가 운전할게!

Day 54

어떤 일을 아무도 안 할 것이라고 말할 때 쓰는 만능 패턴

Who would ~?

누가 ~하겠어?

어떤 일을 누가 하겠냐, 즉 그 일을 아무도 안 할 것이라고 말할 때 쓰는 패턴이에요. 이 때, would는 '~을 하겠다'라는 의미로 어떤 일을 하고자 하는 '의지'를 나타내요. Who would 패턴 뒤에 아무도 안 할 것 같은 일을 넣어 말해보세요.

무료 강의 및 MP3 바로 듣기

Step 1

Who would 패턴으로 미국인이 많이 쓰는 TOP 5 문장 따라 하며 말해보기

Who would say that?
누가 그런 말을 하겠어?
사용빈도 약 15,444,000회

Who would have thought that?
누가 그것을 생각해봤겠어?
사용빈도 약 7,215,000회

Who would do something like that?
누가 그런 것을 하겠어?
사용빈도 약 5,397,800회

Who would expect it?
누가 그것을 예상하겠어?
사용빈도 약 507,500회

Who would disagree with that?
누가 그것에 동의하지 않겠어?
사용빈도 약 122,280회

이런 말도 할 수 있어요.

Who would ______ ?

- **believe it** 그것을 믿다
- **have imagined** 상상해봤다
- **not like him** 그를 좋아하지 않다

expect 예상하다 disagree 동의하지 않다 imagine 상상하다

Step 2
이번에는 우리말만 보고 **Who would** 패턴으로 문장 말해보기

누가 그런 말을 하겠어?	**Who would** say that?
누가 그것을 생각해봤겠어?	
누가 그런 것을 하겠어?	
누가 그것을 예상하겠어?	
누가 그것에 동의하지 않겠어?	
누가 그것을 믿겠어?	

Step 3
Who would 패턴이 들어간 실제 대화 따라 하며 말해보기

뜻밖의 소식에 대해 말하는 사람에게
아무도 예상 못 할 거라고 말할 때

Michael Did you know Sam and Michelle are dating?
너 Sam이랑 Michelle이 사귀는 거 알았어?

Jessica Really?
정말?

Who would expect it?
누가 그것을 예상하겠어?

<반지의 제왕: 반지 원정대>에서
아무도 믿지 않을 거라고 말할 때

Bilbo Gandalf!
간달프!

Gandalf Good to see you.
만나서 반갑네.

111 years old! **Who would** believe it?
111살이라니! 누가 그것을 믿겠나?

Day 55

행동이나 상황의 결과가 어떻게 되는지 물을 때 쓰는 만능 패턴

What if ~?

만약 ~하면 어떨까/어쩌지?

행동이나 상황의 결과가 어떨지 물어볼 때 쓰는 패턴이에요. 단순히 결과가 궁금할 때도 쓸 수 있지만, 결과가 나쁠까 봐 걱정될 때도 써요. What if 패턴 뒤에 결과가 어떨지 궁금한 일을 넣어 말해보세요.

무료 강의 및 MP3 바로 듣기

Step 1

What if 패턴으로 미국인이 많이 쓰는 TOP 5 문장 따라 하며 말해보기

What if I go?
만약 내가 가면 어떨까?
사용빈도 약 13,070,000회

What if I don't like it?
만약 내가 그것을 좋아하지 않으면 어쩌지?
사용빈도 약 10,191,000회

What if that doesn't happen?
만약 그것이 일어나지 않으면 어쩌지?
사용빈도 약 7,822,300회

What if I'm wrong?
만약 내가 틀리면 어쩌지?
사용빈도 약 795,600회

What if it rains?
만약 비가 오면 어쩌지?
사용빈도 약 504,000회

이런 말도 할 수 있어요.

What if ______?

→ **our flight is canceled** 우리 비행기가 취소되다
it doesn't exist 그것이 존재하지 않다
I quit my job 내가 일을 그만두다

cancel 취소하다 exist 존재하다 quit 그만두다

Step 2
이번에는 우리말만 보고 **What if** 패턴으로 문장 말해보기

만약 내가 가면 어떨까?	**What if** I go?
만약 내가 그것을 좋아하지 않으면 어쩌지?	
만약 그것이 일어나지 않으면 어쩌지?	
만약 내가 틀리면 어쩌지?	
만약 비가 오면 어쩌지?	
만약 우리 비행기가 취소되면 어쩌지?	

Step 3
What if 패턴이 들어간 실제 대화 따라 하며 말해보기

회의에 갈 사람이 없어서 걱정하는 사람에게
내가 가면 어떻게 되는지 물어볼 때

Michael
John is very busy right now.
존은 지금 정말 바빠.
I think he can't make it to the meeting.
그는 회의에 못 갈 것 같아.

Jessica
What if I go? I have some free time.
만약 내가 가면 어떨까? 나 시간 좀 있어.

요리 수업에 등록하자는 사람에게
안 좋으면 어떻게 되는지 물어볼 때

Daniel
Let's take a cooking class together.
우리 같이 요리 수업 듣자.

Emma
I don't know.
잘 모르겠어.
What if I don't like it?
만약 내가 그것을 좋아하지 않으면 어쩌지?

Day 56

유형이나 종류를 구체적으로 물어볼 때 쓰는 만능 패턴

What kind of ~?

~은 어떤 유형이야/종류야?

유형이나 종류를 구체적으로 물어볼 때 쓰는 패턴이에요. 이때, kind는 '유형, 종류'라는 의미예요. What kind of 패턴 뒤에 구체적으로 물어볼 유형이나 종류를 넣어 말해 보세요.

무료 강의 및 MP3 바로 듣기

Step 1
What kind of 패턴으로 미국인이 많이 쓰는 TOP 5 문장 따라 하며 말해보기

What kind of people are they?
그 사람들은 어떤 유형이야?
사용빈도 약 2,229,000회

What kind of place is it?
그 장소는 어떤 종류야?
특정 장소가 어떤 용도로 쓰이는지 궁금할 때 써요.
사용빈도 약 958,100회

What kind of work do you do?
네가 하는 일은 어떤 종류야?
사용빈도 약 229,600회

What kind of music do you listen to?
네가 듣는 음악은 어떤 종류야?
사용빈도 약 199,000회

What kind of books do you like?
네가 좋아하는 책들은 어떤 종류야?
사용빈도 약 107,000회

이런 말도 할 수 있어요.

What kind of ______?
- **pizza is that** 그 피자
- **food do you like** 네가 좋아하는 음식
- **car do you have** 네가 가지고 있는 차

Step 2
이번에는 우리말만 보고 **What kind of** 패턴으로 문장 말해보기

그 사람들은 **어떤 유형이야?**	**What kind of** people are they?
그 장소는 **어떤 종류야?**	
네가 하는 일은 **어떤 종류야?**	
네가 듣는 음악은 **어떤 종류야?**	
네가 좋아하는 책들은 **어떤 종류야?**	
그 피자는 **어떤 종류야?**	

Step 3
What kind of 패턴이 들어간 실제 대화 따라 하며 말해보기

처음 만나는 사람에게
하는 일의 종류를 물어볼 때

Michael **What kind of** work do you do?
당신이 하는 일은 어떤 종류예요?

Jessica I'm a teacher.
저는 선생님이에요.

How about you?
당신은요?

<본 아이덴티티>에서
상대가 듣는 음악의 종류를 물어볼 때

Marie **What kind of** music do you listen to?
네가 듣는 음악은 어떤 종류야?

Bourne I don't know.
모르겠어요.

Day 57

특정한 것에 대한 의견을 물어볼 때 쓰는 만능 패턴

What do you say to ~?

~은 어때?

특정한 것에 대한 상대의 의견을 물어볼 때 쓰는 패턴이에요. what do you say to를 그대로 해석하면 "너는 ~에 대해 뭐라고 말하겠어?"라는 뜻으로, "너의 의견은 어때?"라는 의미가 돼요. What do you say to 패턴 뒤에 의견을 묻고 싶은 특정한 것을 넣어 말해보세요.

무료 강의 및 MP3 바로 듣기

Step 1

What do you say to 패턴으로 미국인이 많이 쓰는 TOP 5 문장 따라 하며 말해보기

What do you say to the suggestion?
그 제안은 어때?
사용빈도 약 6,781,800회

What do you say to that?
그것은 어때?
사용빈도 약 1,607,400회

What do you say to that argument?
그 주장은 어때?
사용빈도 약 632,680회

What do you say to my plan?
내 계획은 어때?
사용빈도 약 585,000회

What do you say to a walk?
산책하는 것은 어때?
사용빈도 약 291,002회

이런 말도 할 수 있어요.

What do you say to ______?

- **trying again** 다시 시도하는 것
- **going out tonight** 오늘 밤에 나가는 것
- **those people** 그 사람들

suggestion 제안 argument 주장 go out 나가다

Step 2
이번에는 우리말만 보고 **What do you say to** 패턴으로 문장 말해보기

그 제안은 어때?	**What do you say to** the suggestion?
그것은 어때?	
그 주장은 어때?	
내 계획은 어때?	
산책하는 것은 어때?	
다시 시도하는 것은 어때?	

Step 3
What do you say to 패턴이 들어간 실제 대화 따라 하며 말해보기

의견이 있을 것 같은 사람에게
내 계획에 대한 의견을 물어볼 때

Michael I decided to exercise every day.
나 매일 운동하기로 결심했어.

What do you say to my plan?
내 계획은 어때?

Jessica It's a good idea. But it might be hard.
좋은 생각이야. 근데 어려울지도 몰라.

시간이 남는 사람에게
산책하는 것에 대한 의견을 물어볼 때

Daniel We have some time before the end of lunch.
점심시간 끝나기 전까지 시간이 좀 있어.

What do you say to a walk?
산책하는 것은 어때?

Emma Sorry. I'm too tired.
미안. 나 너무 피곤해.

Day 58

이유가 무엇인지 물어볼 때 쓰는 만능 패턴

What makes you ~?

무엇이 너를 ~하게 해?

어떤 행동을 하게 되었거나 어떤 상태가 되는 이유가 무엇인지 물어볼 때 쓰는 패턴이에요. what makes you를 그대로 해석하면 "무엇이 너를 ~하게 만들어?"라는 뜻으로, 이유를 묻는 말이 돼요. What makes you 패턴 뒤에 이유가 무엇인지 물어볼 상대의 행동이나 상태를 넣어 말해보세요.

무료 강의 및 MP3 바로 듣기

Step 1

What makes you 패턴으로 미국인이 많이 쓰는 TOP 5 문장 따라 하며 말해보기

What makes you think that?
무엇이 너를 그렇게 생각하게 해?
사용빈도 약 18,699,000회

What makes you happy?
무엇이 너를 행복하게 해?
사용빈도 약 6,138,000회

What makes you say that?
무엇이 너를 그렇게 말하게 해?
사용빈도 약 2,675,500회

What makes you change your mind?
무엇이 너의 마음을 바꾸게 해?
사용빈도 약 1,020,000회

What makes you different?
무엇이 너를 다르게 해?
사용빈도 약 639,900회

이런 말도 할 수 있어요.

What makes you ____________?

- **sad** 슬픈
- **special** 특별한
- **so sure** 그렇게 확신하는

mind 마음 different 다른

Step 2

이번에는 우리말만 보고 **What makes you** 패턴으로 문장 말해보기

무엇이 너를 그렇게 생각하게 해? **What makes you** think that?

무엇이 너를 행복하게 해?

무엇이 너를 그렇게 말하게 해?

무엇이 너의 마음을 바꾸게 해?

무엇이 너를 다르게 해?

무엇이 너를 슬프게 해?

Step 3

What makes you 패턴이 들어간 실제 대화 따라 하며 말해보기

마음이 바뀐 사람에게
마음이 바뀐 이유가 무엇인지 물어볼 때

Michael You liked him before.
너는 전에 그를 좋아했잖아.

What makes you change your mind?
무엇이 너의 마음을 바꾸게 해?

Jessica He's rude to people sometimes.
그는 종종 사람들에게 무례해.

<캡틴 아메리카: 윈터 솔져>에서
행복한 이유가 무엇인지 물어볼 때

Falcon Seriously, you can do everything you want to.
진지하게, 너는 네가 원하는 모든 것을 할 수 있어.

What makes you happy?
무엇이 너를 행복하게 해?

Captain I don't know.
나도 잘 모르겠어.

왕초보영어 탈출
해커스톡
HackersTalk.co.kr

How / When / Why 패턴

Day 59
예상과 다른 일의 이유를 물을 때 쓰는 만능 패턴
How come ~? 어째서 ~일 수 있어?

Day 60
어떻게 아는지 물어볼 때 쓰는 만능 패턴
How do you know ~? 어떻게 ~를 알아?

Day 61
어떤 것이 마음에 드는지 물을 때 쓰는 만능 패턴
How do you like ~? ~이 맘에 들어?

Day 62
지속한 시간을 물어볼 때 쓰는 만능 패턴
How long have you been ~? ~인지 얼마나 됐어?

Day 63
언제 마지막으로 했는지 물어볼 때 쓰는 만능 패턴
When was the last time ~? 마지막으로 ~한 게 언제야?

Day 64
이유가 뭐라고 짐작하는지 물어볼 때 쓰는 만능 패턴
Why do you think ~? 왜 ~라고 생각해?

Day 59

예상과 다른 일의 이유를 물을 때 쓰는 만능 패턴

How come ~?

어째서 ~일 수 있어?

내 예상과 다른 일이 일어난 것에 대해 이유를 물을 때 쓰는 패턴이에요. 주로 어떤 일이 일어난 것에 대한 놀라움을 나타내고, 다른 사람의 행동에 대한 원망이나 비난의 의도를 포함하기도 해요. How come 패턴 뒤에 예상과 다른 일을 넣어 말해보세요.

무료 강의 및 MP3 바로 듣기

Step 1

How come 패턴으로 미국인이 많이 쓰는 TOP 5 문장 따라 하며 말해보기

How come I didn't know about this?
어째서 내가 이것에 대해 몰랐을 수 있어?
사용빈도 약 1,100,000회

How come you know that?
어째서 네가 그것을 알 수 있어?
사용빈도 약 694,000회

How come you don't like it?
어째서 너는 그것을 좋아하지 않을 수 있어?
사용빈도 약 424,405회

How come you don't call me?
어째서 너는 나한테 전화하지 않을 수 있어?
사용빈도 약 168,300회

How come you didn't say anything?
어째서 너는 아무 말도 안 했을 수 있어?
사용빈도 약 110,820회

이런 말도 할 수 있어요.

How come ____________?

→ **the door is locked** 문이 잠겨 있다
they don't know 그들이 모른다
you left 네가 떠났다

lock 잠그다

Step 2
이번에는 우리말만 보고 **How come** 패턴으로 문장 말해보기

어째서 내가 이것에 대해 몰랐**을 수 있어?** **How come** I didn't know about this?

어째서 네가 그것을 **알 수 있어?**

어째서 너는 그것을 좋아하지 않**을 수 있어?**

어째서 너는 나한테 전화하지 않**을 수 있어?**

어째서 너는 아무 말도 안 했**을 수 있어?**

어째서 문이 잠겨 있**을 수 있어?**

Step 3
How come 패턴이 들어간 실제 대화 따라 하며 말해보기

좋은 소식에 대해 알려주지 않은 사람에게
내가 모르고 있었던 이유를 물을 때

Michael You were promoted?
너 승진했어?

How come I didn't know about this?
어째서 내가 이것에 대해 몰랐을 수 있어?

Jessica I thought I told you.
내가 너한테 말했다고 생각했는데.

<트랜스포머>에서
문이 잠겨있는 이유를 물을 때

Ron Sam, are you in there?
샘, 안에 있니?

How come the door is locked?
어째서 문이 잠겨 있을 수 있어?

Sam What's up?
무슨일이에요?

Day 60

어떻게 아는지 물어볼 때 쓰는 만능 패턴

How do you know ~?

어떻게 ~를 알아?

상대가 어떤 일을 알게 된 경로나 방법을 물어볼 때 쓰는 패턴이에요. 상대가 확신하는 것의 근거를 원하거나, 뭔가를 아는 것에 대해 놀라움을 표현하는 의도를 포함하기도 해요. How do you know 패턴 뒤에 어떻게 아는지 물어볼 대상을 넣어 말해보세요.

무료 강의 및 MP3 바로 듣기

Step 1

How do you know 패턴으로 미국인이 많이 쓰는 TOP 5 문장 따라 하며 말해보기

How do you know that?
어떻게 그것을 알아?
사용빈도 약 119,610,000회

How do you know if it's true?
어떻게 그것이 사실인지를 알아?
사용빈도 약 2,594,000회

How do you know me?
어떻게 나를 알아?
사용빈도 약 2,201,400회

How do you know each other?
어떻게 서로를 알아?
사용빈도 약 1,275,600회

How do you know his parents?
어떻게 그의 부모님을 알아?
사용빈도 약 202,008회

이런 말도 할 수 있어요.

How do you know [　　　　] ?

- **she likes you** 그녀가 너를 좋아한다
- **she's married** 그녀는 결혼했다
- **you're better** 네가 더 낫다

each other 서로　married 결혼한

Step 2

이번에는 우리말만 보고 **How do you know** 패턴으로 문장 말해보기

어떻게 그것을 **알아?**	**How do you know** that?
어떻게 그것이 사실인지를 **알아?**	
어떻게 나를 **알아?**	
어떻게 서로를 **알아?**	
어떻게 그의 부모님을 **알아?**	
어떻게 그녀가 너를 좋아하는 것을 **알아?**	

Step 3

How do you know 패턴이 들어간 실제 대화 따라 하며 말해보기

누군가와 아는 사이인 사람에게
서로 어떻게 아는지 물어볼 때

Michael **How do you know** each other?
어떻게 서로를 알아?

Jessica We went to the same high school.
우리는 같은 고등학교를 다녔어.

<인셉션>에서
그것을 어떻게 아는지 물어볼 때

Cobb I can find her. She'll have Fischer.
내가 그녀를 찾을 수 있어. 그녀가 Fischer를 데리고 있을 거야.

Ariadne **How do you know** that?
어떻게 그것을 알아?

Day 61

어떤 것이 마음에 드는지 물을 때 쓰는 만능 패턴

How do you like ~?

~이 맘에 들어?

어떤 것이 마음에 드는지 상대의 의견이나 취향을 물을 때 쓰는 패턴이에요. how do you like는 "어떻게 ~을 좋아해?"라는 뜻이 아니라 "~이 마음에 들어?"라는 의미예요. How do you like 패턴 뒤에 상대의 마음에 드는지 묻고 싶은 것을 넣어 말해보세요.

무료 강의 및 MP3 바로 듣기

Step 1

How do you like 패턴으로 미국인이 많이 쓰는 TOP 5 문장 따라 하며 말해보기

How do you like it?
그것이 맘에 들어?
사용빈도 약 30,659,000회

How do you like her?
그녀가 맘에 들어?
사용빈도 약 8,091,400회

How do you like the food?
음식이 맘에 들어?
사용빈도 약 2,569,000회

How do you like that idea?
그 아이디어가 맘에 들어?
사용빈도 약 1,460,304회

How do you like my haircut?
내 머리 모양이 맘에 들어?
사용빈도 약 349,280회

이런 말도 할 수 있어요.

How do you like ______ ?

- **the party** 파티
- **my painting** 내 그림
- **these shoes** 이 신발들

idea 아이디어, 생각 painting 그림

Step 2
이번에는 우리말만 보고 **How do you like** 패턴으로 문장 말해보기

그것**이 맘에 들어?**	**How do you like** it?
그녀**가 맘에 들어?**	
음식**이 맘에 들어?**	
그 아이디어**가 맘에 들어?**	
내 머리 모양**이 맘에 들어?**	
파티**가 맘에 들어?**	

Step 3
How do you like 패턴이 들어간 실제 대화 따라 하며 말해보기

함께 식사 중인 사람에게
음식이 마음에 드는지 물을 때

Michael **How do you like** the food?
음식이 맘에 들어?

This restaurant just opened.
이 식당은 막 개업했어.

Jessica It's great.
아주 좋아.

<헝거 게임: 캣칭 파이어>에서
파티가 마음에 드는지 물을 때

Plutarch **How do you like** the party?
파티가 맘에 들어?

Katniss It's terrible.
끔찍해요.

Day 62

지속된 시간을 물어볼 때 쓰는 만능 패턴

How long have you been ~?

~인지 얼마나 됐어?

어떤 상태가 얼마나 오래 지속되었는지 또는 어떤 행동을 얼마나 오래 해 왔는지 물어볼 때 쓰는 패턴이에요. how long은 '얼마나 오래'라는 의미로 have you been과 함께 쓰면 "과거부터 지금까지 얼마나 오래 ~을 하고 있어?", 즉 "~을 한지 얼마나 됐어?"라는 의미가 돼요. How long have you been 패턴 뒤에 지속된 시간을 물어볼 일을 넣어 말해보세요.

무료 강의 및 MP3 바로 듣기

Step 1

How long have you been 패턴으로 미국인이 많이 쓰는 TOP 5 문장 따라 하며 말해보기

How long have you been married?
결혼한 지 얼마나 됐어?
사용빈도 약 2,060,800회

How long have you been here?
여기 있은 지 얼마나 됐어?
사용빈도 약 818,500회

How long have you been working?
일한 지 얼마나 됐어?
사용빈도 약 435,700회

How long have you been waiting?
기다린 지 얼마나 됐어?
사용빈도 약 235,500회

How long have you been doing this?
이거 한 지 얼마나 됐어?
사용빈도 약 222,000회

이런 말도 할 수 있어요.

How long have you been ______ ?

- **reading it** 그것을 읽은 것
- **studying** 공부하는 것
- **living here** 여기에서 산 것

married 결혼한

Step 2

이번에는 우리말만 보고 **How long have you been** 패턴으로 문장 말해보기

결혼한 **지 얼마나 됐어?**	**How long have you been** married?
여기 있은 **지 얼마나 됐어?**	
일한 **지 얼마나 됐어?**	
기다린 **지 얼마나 됐어?**	
이거 한 **지 얼마나 됐어?**	
그것을 읽은 **지 얼마나 됐어?**	

Step 3

How long have you been 패턴이 들어간 실제 대화 따라 하며 말해보기

먼저 와서 기다리고 있었던 사람에게
기다린 시간을 물어볼 때

Michael **How long have you been** waiting?
기다린 지 얼마나 됐어?

Jessica About half an hour.
약 30분 정도.

The line moves quite quickly.
줄이 꽤 빨리 움직여.

<피아니스트>에서
여기 있었던 시간을 물어볼 때

Szpilman **How long have you been** here?
여기 있은 지 얼마나 됐어요?

Majorek Since last night.
어젯밤부터요.

I'm pleased to see you.
당신을 만나서 기뻐요.

Day 63

언제 마지막으로 했는지 물어볼 때 쓰는 만능 패턴

When was the last time ~?

마지막으로 ~한 게 언제야?

어떤 일을 언제 마지막으로 했는지 물어볼 때 쓰는 패턴이에요. last time은 '마지막 때'라는 의미예요. When was the last time 패턴 뒤에 언제 마지막으로 했는지 물어볼 일을 넣어 말해보세요.

무료 강의 및 MP3 바로 듣기

Step 1

When was the last time 패턴으로 미국인이 많이 쓰는 TOP 5 문장 따라 하며 말해보기

When was the last time you saw it?
마지막으로 네가 그것을 본 게 언제야?
사용빈도 약 433,520회

When was the last time we met?
마지막으로 우리가 만난 게 언제야?
사용빈도 약 289,500회

When was the last time you had fun?
마지막으로 즐거운 시간을 보낸 게 언제야?
사용빈도 약 289,000회

When was the last time you visited?
마지막으로 네가 방문한 게 언제야?
사용빈도 약 122,200회

When was the last time you read a book?
마지막으로 네가 책을 읽은 게 언제야?
사용빈도 약 122,130회

이런 말도 할 수 있어요.

When was the last time ______?

- **you had a vacation** 네가 휴가를 보냈다
- **you saw a movie** 네가 영화를 봤다
- **you wrote a letter** 네가 편지를 썼다

have fun 즐거운 시간을 보내다 vacation 방학 letter 편지

Step 2
이번에는 우리말만 보고 **When was the last time** 패턴으로 문장 말해보기

마지막으로 네가 그것을 **본 게 언제야**?	**When was the last time** you saw it?
마지막으로 우리가 만난 **게 언제야**?	
마지막으로 즐거운 시간을 보낸 **게 언제야**?	
마지막으로 네가 방문**한 게 언제야**?	
마지막으로 네가 책을 읽은 **게 언제야**?	
마지막으로 네가 휴가를 보낸 **게 언제야**?	

Step 3
When was the last time 패턴이 들어간 실제 대화 따라 하며 말해보기

휴대전화를 잃어버린 사람에게
언제 마지막으로 봤는지 물어볼 때

Michael Did you lose your cell phone?
너 휴대전화 잃어버렸어?

When was the last time you saw it?
마지막으로 네가 그것을 본 게 언제야?

Jessica I had it when I got home.
내가 집에 왔을 때는 그것을 가지고 있었어.

방문한 적이 있는 사람에게
언제 마지막으로 방문했는지 물어볼 때

Daniel **When was the last time** you visited?
마지막으로 네가 방문한 게 언제야?

Emma Probably last year.
아마 작년일 거야.

I guess it was around summertime.
여름쯤이었던 걸로 추측해.

Day 64

이유가 뭐라고 짐작하는지 물어볼 때 쓰는 만능 패턴

Why do you think ~?

왜 ~라고 생각해?

어떤 일이 일어난 이유가 뭐라고 짐작하는지 물어볼 때 쓰는 패턴이에요. 단순히 이유가 궁금할 때도 쓸 수 있지만, 상대가 이유를 알아줬으면 하는 의도를 표현할 때도 써요. Why do you think 패턴 뒤에 이유를 물어볼 일을 넣어 말해보세요.

무료 강의 및 MP3 바로 듣기

Step 1

Why do you think 패턴으로 미국인이 많이 쓰는 TOP 5 문장 따라 하며 말해보기

Why do you think it happened?
왜 그것이 일어났다고 생각해?
사용빈도 약 3,685,600회

Why do you think I asked?
왜 내가 물어봤다고 생각해?
사용빈도 약 1,334,700회

Why do you think I'm here?
왜 내가 여기 있다고 생각해?
사용빈도 약 706,500회

Why do you think it's broken?
왜 그것이 망가졌다고 생각해?
사용빈도 약 356,000회

Why do you think I'm angry?
왜 내가 화났다고 생각해?
사용빈도 약 173,000회

이런 말도 할 수 있어요.

Why do you think ______ ?

- **people are interested in it** 사람들이 그것에 관심 있다
- **it's sold out** 그것이 품절되다
- **people like you** 사람들이 너를 좋아한다

happen (일이) 일어나다 broken 망가진, 고장 난 interested 관심 있는

Step 2
이번에는 우리말만 보고 **Why do you think** 패턴으로 문장 말해보기

왜 그것이 일어났**다고 생각해**?	**Why do you think** it happened?
왜 내가 물어봤**다고 생각해**?	
왜 내가 여기 있**다고 생각해**?	
왜 그것이 망가졌**다고 생각해**?	
왜 내가 화났**다고 생각해**?	
왜 사람들이 그것에 관심 있**다고 생각해**?	

Step 3
Why do you think 패턴이 들어간 실제 대화 따라 하며 말해보기

내가 화났다고 생각하는 사람에게
화난 이유가 뭐라고 짐작하는지 물어볼 때

Michael I'm not angry.
나 화 안 났어.

Why do you think I'm angry?
왜 내가 화났다고 생각해?

Jessica I just feel that way.
그냥 그렇게 느껴져.

<언터처블: 1%의 우정>에서
관심 있는 이유가 뭐라고 짐작하는지 물어볼 때

Philippe **Why do you think** people are interested in art?
왜 사람들이 예술에 관심 있다고 생각하니?

Driss I don't know.
모르겠어요.

I will/would 패턴

Day 65
상대가 미래에 어떤 일을 할 수 있다고 말할 때 쓰는 만능 패턴
You'll be able to ~ 너는 ~할 수 있을 거야

Day 66
어떤 일을 하는 것이 더 낫다고 말할 때 쓰는 만능 패턴
I'd rather ~ 차라리 ~할래

Day 67
내 의견이나 생각을 덜 직접적으로 전달할 때 쓰는 만능 패턴
I would say ~ ~라고 할 수 있어

Day 68
상관없다고 말할 때 쓰는 만능 패턴
I wouldn't mind ~ 나는 ~ 상관없어

Day 69
어떤 일이 당연하다고 말할 때 쓰는 만능 패턴
I wouldn't be surprised if ~ ~라고 해도 놀라지 않을 거야

Day 70
상대가 해야 할 일을 추측해 말할 때 쓰는 만능 패턴
You would have to ~ 너는 ~해야 할 거야

Day 71
무언가를 믿지 못할 거라 말할 때 쓰는 만능 패턴
You wouldn't believe ~ 너는 ~을 믿지 않을 거야

Day 65

상대가 미래에 어떤 일을 할 수 있다고 말할 때 쓰는 만능 패턴

You'll be able to ~

너는 ~ 할 수 있을 거야

상대가 미래에 어떤 일을 할 수 있을 거라고 말해줄 때 쓰는 패턴이에요. be able to는 '~을 할 수 있다'라는 의미이고, 상대를 격려하는 의도를 전달할 때 주로 써요. You'll be able to 패턴 뒤에 상대가 할 수 있을 것 같은 일을 넣어 말해보세요.

무료 강의 및 MP3 바로 듣기

Step 1

You'll be able to 패턴으로 미국인이 많이 쓰는 TOP 5 문장 따라 하며 말해보기

You'll be able to do it.
너는 그것을 할 수 있을 거야.
사용빈도 약 80,580,000회

You'll be able to learn.
너는 배울 수 있을 거야.
사용빈도 약 50,975,000회

You'll be able to come back.
너는 돌아올 수 있을 거야.
지금 속한 장소나 집단을 떠나면서 다시 돌아올 수 있을지 걱정하는 사람을 보내기 전에 써요.
사용빈도 약 32,682,000회

You'll be able to tell the difference.
너는 차이점을 구별할 수 있을 거야.
사용빈도 약 29,503,000회

You'll be able to succeed.
너는 성공할 수 있을 거야.
사용빈도 약 14,860,001회

이런 말도 할 수 있어요.

You'll be able to ________.

→ **do anything you want** 네가 원하는 것이 무엇이든지 하다
make more money 더 많은 돈을 벌다
meet new people 새로운 사람들을 만나다

learn 배우다 tell the difference 차이점을 구별하다 succeed 성공하다

Step 2
이번에는 우리말만 보고 **You'll be able to** 패턴으로 문장 말해보기

너는 그것을 **할 수 있을 거야.**	**You'll be able to** do it.
너는 배울 **수 있을 거야.**	
너는 돌아올 **수 있을 거야.**	
너는 차이점을 구별**할 수 있을 거야.**	
너는 성공**할 수 있을 거야.**	
너는 네가 원하는 것이 무엇이든지 **할 수 있을 거야.**	

Step 3
You'll be able to 패턴이 들어간 실제 대화 따라 하며 말해보기

어떤 일을 버거워하는 사람에게
그것을 할 수 있을 거라고 말할 때

Michael　I don't think I can finish this alone.
나 이것을 혼자 끝내지 못할 것 같아.

Jessica　**You'll be able to** do it.
너는 그것을 할 수 있을 거야.

I'll help you.
내가 널 도와줄게.

떠나는 것을 싫어하는 사람에게
돌아올 수 있을 거라고 말할 때

Daniel　I don't want to leave. I like it here.
나 떠나기 싫어. 난 여기가 좋아.

Emma　Don't worry.
걱정하지 마.

You'll be able to come back.
너는 돌아올 수 있을 거야.

Day 66

어떤 일을 하는 것이 더 낫다고 말할 때 쓰는 만능 패턴

I'd rather ~

차라리 ~할래

어떤 일을 하는 것이 다른 것보다는 상대적으로 더 낫다고 말할 때 쓰는 패턴이에요. I'd rather는 I would rather의 줄임말로, 상대적으로 낫긴 하지만 그렇다고 해서 매우 하고 싶은 일은 아닌 일을 말할 때 주로 써요. I'd rather 패턴 뒤에 상대적으로 더 하고 싶은 일을 넣어 말해보세요.

무료 강의 및 MP3 바로 듣기

Step 1
I'd rather 패턴으로 미국인이 많이 쓰는 TOP 5 문장 따라 하며 말해보기

I'd rather not.
차라리 안 할래.
사용빈도 약 4,005,000회

I'd rather be alone.
차라리 혼자 있을래.
사용빈도 약 552,100회

I'd rather not go.
차라리 안 갈래.
사용빈도 약 344,000회

I'd rather not answer.
차라리 대답 안 할래.
사용빈도 약 263,410회

I'd rather stay home.
차라리 집에 있을래.
사용빈도 약 184,100회

이런 말도 할 수 있어요.

I'd rather ______ .

- **not talk about it** 그것에 대해 이야기하지 않다
- **watch a movie** 영화를 보다
- **wear shorts** 반바지를 입다

alone 혼자 shorts 반바지

Step 2

이번에는 우리말만 보고 **I'd rather** 패턴으로 문장 말해보기

차라리 안 할래.	**I'd rather** not.
차라리 혼자 있을래.	
차라리 안 갈래.	
차라리 대답 안 할래.	
차라리 집에 있을래.	
차라리 그것에 대해 이야기하지 않을래.	

Step 3

I'd rather 패턴이 들어간 실제 대화 따라 하며 말해보기

피곤한데 외출하자고 하는 사람에게
집에 있는 것이 더 낫다고 말할 때

Michael — Why don't we go out tonight?
오늘 밤에 우리 외출하는 게 어때?

Jessica — **I'd rather** stay home.
차라리 집에 있을래.

I need a rest.
나 휴식이 필요해.

<엑스맨>에서
하지 않는 것이 더 낫다고 말할 때

Logan — Listen to me. Listen.
내 말 좀 들어봐. 들어봐.

Beast — **I'd rather** not.
차라리 안 들을래.

Day 67

내 의견이나 생각을 덜 직접적으로 전달할 때 쓰는 만능 패턴

I would say ~

~라고 할 수 있어

상대에게 내 의견이나 생각을 덜 직접적으로 전달할 때 쓰는 패턴이에요. 청자가 좋아하지 않을 것 같은 의견을 부드럽게 전달하거나, 내키진 않지만 해야 할 말을 비교적 덜 명확하게 할 때도 쓸 수 있어요. I would say 패턴 뒤에 덜 직접적으로 전달할 일을 넣어 말해보세요.

무료 강의 및 MP3 바로 듣기

Step 1

I would say 패턴으로 미국인이 많이 쓰는 TOP 5 문장 따라 하며 말해보기

I would say it's a good idea.
그것은 좋은 아이디어라고 할 수 있어.
사용빈도 약 4,383,400회

I would say it's crazy.
그것은 말도 안 되는 거라고 할 수 있어.
사용빈도 약 1,701,003회

I would say I miss you.
내가 널 그리워한다고 할 수 있어.
사용빈도 약 1,466,000회

I would say I love you.
내가 널 사랑한다고 할 수 있어.
사용빈도 약 1,409,500회

I would say I'm sorry.
내가 미안하다고 할 수 있어.
사용빈도 약 1,185,300회

이런 말도 할 수 있어요.

I would say ______.

- **it was enough** 그것으로 충분했다
- **it's over** 끝났다
- **it's far** 멀다

enough 충분한 far 먼

Step 2

이번에는 우리말만 보고 **I would say** 패턴으로 문장 말해보기

그것은 좋은 아이디어**라고 할 수 있어.** **I would say** it's a good idea.

그것은 말도 안 되는 거**라고 할 수 있어.**

내가 널 그리워한**다고 할 수 있어.**

내가 널 사랑한**다고 할 수 있어.**

내가 미안하**다고 할 수 있어.**

그것으로 충분했**다고 할 수 있어.**

Step 3

I would say 패턴이 들어간 실제 대화 따라 하며 말해보기

왜 자주 연락하는지 묻는 사람에게
그립다는 것을 덜 직접적으로 전달할 때

Michael Why do you call me so often?
왜 그렇게 나한테 자주 전화해?

Jessica Well, **I would say** I miss you.
음, 내가 널 그리워한다고 할 수 있어.

But I'm not sure.
근데 잘 모르겠어.

사과를 받고 싶어하는 사람에게
미안하다는 것을 덜 직접적으로 전달할 때

Daniel **I would say** I'm sorry.
내가 미안하다고 할 수 있어.

But it was not all my fault.
하지만 모든 게 내 잘못은 아니었어.

Emma You should still apologize.
그래도 넌 사과해야 돼.

Day 68

상관없다고 말할 때 쓰는 만능 패턴

I wouldn't mind ~

나는 ~ 상관없어

상황이 어떻든, 어떤 일이 일어나든 상관없다고 말할 때 쓰는 패턴이에요. I wouldn't는 I would not의 줄임말이고 '꺼려하다'라는 뜻의 mind와 함께 쓰면 "나는 ~을 꺼리지 않아.", 즉 "나는 ~도 상관없어."라는 의미가 돼요. I wouldn't mind 패턴 뒤에 상관없는 일을 넣어 말해보세요.

무료 강의 및 MP3 바로 듣기

Step 1

I wouldn't mind 패턴으로 미국인이 많이 쓰는 TOP 5 문장 따라 하며 말해보기

I wouldn't mind if you wanted to.
나는 네가 그러길 원했더라도 상관없어.
사용빈도 약 1,647,700회

I wouldn't mind if you did.
나는 네가 그랬더라도 상관없어.
사용빈도 약 1,374,800회

I wouldn't mind that.
나는 그것은 상관없어.
사용빈도 약 848,000회

I wouldn't mind at all.
나는 전혀 상관없어.
사용빈도 약 752,700회

I wouldn't mind the price.
나는 가격은 상관없어.
무언가를 사는데 있어서 가격은 고려사항이 아니라는 의미로 써요.
사용빈도 약 519,000회

이런 말도 할 수 있어요.

I wouldn't mind ______.

- **tonight** 오늘 밤
- **doing it again** 그것을 다시 하는 것
- **if she said that** 그녀가 그렇게 말했더라도

at all 전혀 price 가격

Step 2
이번에는 우리말만 보고 **I wouldn't mind** 패턴으로 문장 말해보기

나는 네가 그러길 원했더라도 **상관없어.** — **I wouldn't mind** if you wanted to.

나는 네가 그랬더라도 **상관없어.**

나는 그것은 **상관없어.**

나는 전혀 **상관없어.**

나는 가격은 **상관없어.**

나는 오늘 밤은 **상관없어.**

Step 3
I wouldn't mind 패턴이 들어간 실제 대화 따라 하며 말해보기

자전거를 빌려달라는 사람에게
전혀 상관없다고 말할 때

Michael Can I borrow your bicycle tomorrow?
내일 네 자전거를 빌려도 될까?

Jessica **I wouldn't mind** at all.
나는 전혀 상관없어.

Just come and get it anytime.
언제든 와서 가져가.

제품을 추천해 주는 사람에게
가격은 상관없다고 말할 때

Daniel **I wouldn't mind** the price.
나는 가격은 상관없어.

Quality is important!
질이 중요해!

Emma Then, how about this one?
그럼, 이건 어때?

Day 68

해커스톡 영어회화 10분의 기적 패턴으로 말하기

Day 69

어떤 일이 당연하다고 말할 때 쓰는 만능 패턴

I wouldn't be surprised if ~

~라고 해도 놀라지 않을 거야

어떤 일이 일어나도 놀라지 않을 것이다, 즉 어떤 일이 일어나는 것은 당연하다고 말할 때 쓰는 패턴이에요. 이때 if는 '만약 ~라고 해도'라는 의미예요. I wouldn't be surprised if 패턴 뒤에 당연한 일을 넣어 말해보세요.

무료 강의 및 MP3 바로 듣기

Step 1

I wouldn't be surprised if 패턴으로 미국인이 많이 쓰는 TOP 5 문장 따라 하며 말해보기

I wouldn't be surprised if you did.
네가 그런다고 해도 놀라지 않을 거야.
사용빈도 약 1,340,000회

I wouldn't be surprised if it wasn't.
그것이 아니라고 해도 놀라지 않을 거야.
사용빈도 약 553,000회

I wouldn't be surprised if it happened.
그것이 일어난다고 해도 놀라지 않을 거야.
사용빈도 약 271,000회

I wouldn't be surprised if you came.
네가 온다고 해도 놀라지 않을 거야.
사용빈도 약 130,000회

I wouldn't be surprised if it was true.
그것이 사실이라고 해도 놀라지 않을 거야.
사용빈도 약 126,000회

이런 말도 할 수 있어요.

I wouldn't be surprised if ______.

- **he was waiting** 그가 기다리고 있었다
- **she left** 그녀가 떠난다
- **it failed** 그것이 실패했다

fail 실패하다

Step 2

이번에는 우리말만 보고 **I wouldn't be surprised if** 패턴으로 문장 말해보기

네가 그런**다고 해도 놀라지 않을 거야.**	**I wouldn't be surprised if** you did.
그것이 아니**라고 해도 놀라지 않을 거야.**	
그것이 일어난**다고 해도 놀라지 않을 거야.**	
네가 온**다고 해도 놀라지 않을 거야.**	
그것이 사실이**라고 해도 놀라지 않을 거야.**	
그가 기다리고 있었**다고 해도 놀라지 않을 거야.**	

Step 3

I wouldn't be surprised if 패턴이 들어간 실제 대화 따라 하며 말해보기

취직할 것 같다는 소식을 전하는 사람에게
그러는 게 당연하다고 말할 때

Michael: I think I'm going to get the job.
나 취직할 것 같아.

Jessica: **I wouldn't be surprised if** you did.
네가 그런다고 해도 놀라지 않을 거야.

You have a lot of experience.
넌 경험이 많잖아.

<니모를 찾아서>에서
기다리고 있었던 게 당연하다고 말할 때

Gill: **I wouldn't be surprised if** he was waiting for you.
그가 너를 기다리고 있었다고 해도 나는 놀라지 않을 거야.

Nemo: I'm ready to see my dad.
아빠를 볼 준비가 됐어요.

Day 69

해커스톡 영어회화 10분의 기적 패턴으로 말하기

Day 70

상대가 해야 할 일을 추측해 말할 때 쓰는 만능 패턴

You would have to ~

너는 ~해야 할 거야

미래의 특정한 상황에서 상대가 해야 할 일을 추측해 말할 때 쓰는 패턴이에요. '~을 해야 한다'라는 뜻의 have to 앞에 would를 써서 미래의 특정한 상황에서는, 상대가 어떤 일을 해야 할 거라고 말하는 거예요. You would have to 패턴 뒤에 상대가 해야 할 거라고 추측하는 일을 넣어 말해 보세요.

무료 강의 및 MP3 바로 듣기

Step 1

You would have to 패턴으로 미국인이 많이 쓰는 TOP 5 문장 따라 하며 말해보기

You would have to come.
너는 와야 할 거야.
사용빈도 약 90,500,000회

You would have to work harder.
너는 더 열심히 일해야 할 거야.
사용빈도 약 7,172,900회

You would have to ask them.
너는 그들에게 물어봐야 할 거야.
사용빈도 약 1,626,000회

You would have to buy it.
너는 그것을 사야 할 거야.
사용빈도 약 1,197,006회

You would have to wait a long time.
너는 오랫동안 기다려야 할 거야.
사용빈도 약 991,000회

이런 말도 할 수 있어요.

You would have to ______.

- **ask someone else** 다른 사람에게 물어보다
- **call me** 나에게 전화하다
- **study a lot** 많이 공부하다

study 공부하다

Step 2
이번에는 우리말만 보고 **You would have to** 패턴으로 문장 말해보기

너는 와야 할 거야. — You would have to come.

너는 더 열심히 일해야 할 거야.

너는 그들에게 물어봐야 할 거야.

너는 그것을 사야 할 거야.

너는 오랫동안 기다려야 할 거야.

너는 다른 사람에게 물어봐야 할 거야.

Step 3
You would have to 패턴이 들어간 실제 대화 따라 하며 말해보기

승진할 가능성이 있는 사람에게
더 열심히 일해야 할 거라고 추측해 말할 때

Michael: I might get a promotion next week.
나 다음 주에 승진할지도 몰라.

Jessica: If that happens, **you would have to** work harder.
그런 일이 일어난다면, 너는 더 열심히 일해야 할 거야.

해외 주문을 하려는 사람에게
기다려야 할 거라고 추측해 말할 때

Daniel: I'm thinking about ordering a new laptop from America.
나 미국에서 새 노트북을 주문할까 생각 중이야.

Emma: Really?
진짜?

You would have to wait a long time.
너는 오랫동안 기다려야 할 거야.

Day 71

무언가를 믿지 못할 거라 말할 때 쓰는 만능 패턴

You wouldn't believe ~

너는 ~을 믿지 않을 거야

어떤 일이나 사실이 너무 놀라워서 상대가 믿지 못할 거라고 말할 때 쓰는 패턴이에요. You wouldn't believe 패턴 뒤에 너무 놀라워 믿지 못할 일을 넣어 말해보세요.

무료 강의 및 MP3 바로 듣기

Step 1

You wouldn't believe 패턴으로 미국인이 많이 쓰는 TOP 5 문장 따라 하며 말해보기

You wouldn't believe it.
너는 그것을 믿지 않을 거야.
사용빈도 약 864,200회

You wouldn't believe what he said.
너는 그가 말한 것을 믿지 않을 거야.
사용빈도 약 740,600회

You wouldn't believe the things I've seen.
너는 내가 본 것들을 믿지 않을 거야.
사용빈도 약 398,000회

You wouldn't believe what happened.
너는 무슨 일이 일어났는지 믿지 않을 거야.
사용빈도 약 385,900회

You wouldn't believe me if I told you.
너는 내가 네게 말해도 나를 믿지 않을 거야.
사용빈도 약 239,300회

이런 말도 할 수 있어요.

You wouldn't believe ______.

- **what I saw** 내가 본 것
- **what she did** 그녀가 한 것
- **how expensive it was** 그것이 얼마나 비쌌는지

expensive 비싼

Step 2
이번에는 우리말만 보고 **You wouldn't believe** 패턴으로 문장 말해보기

너는 그것을 **믿지 않을 거야.**	**You wouldn't believe** it.
너는 그가 말한 것을 **믿지 않을 거야.**	
너는 내가 본 것들을 **믿지 않을 거야.**	
너는 무슨 일이 일어났는지 **믿지 않을 거야.**	
너는 내가 네게 말해도 나를 **믿지 않을 거야.**	
너는 내가 본 것을 **믿지 않을 거야.**	

Step 3
You wouldn't believe 패턴이 들어간 실제 대화 따라 하며 말해보기

복권 당첨을 자랑할 사람에게
그것을 믿지 못할 거라 말할 때

Michael **You wouldn't believe** it.
너는 그것을 믿지 않을 거야.

I won the lottery!
나 복권 당첨됐어!

Jessica You are so lucky. I wish I were you.
너 진짜 운 좋다. 내가 너라면 좋겠어.

<굿 윌 헌팅>에서
말해도 믿지 못할 거라 말할 때

Skylar Do you have many brothers and sisters?
형제 자매가 많아요?

How many?
얼마나 많아요?

Will **You wouldn't believe** me if I told you.
당신은 내가 당신에게 말해도 나를 믿지 않을 거예요.

왕초보영어 탈출
해커스톡
HackersTalk.co.kr

I can/could 패턴

Day 72
도와달라고 요청할 때 쓰는 만능 패턴
Can you help me ~? ~ 좀 도와줄래?

Day 73
무언가 알려 달라고 요청할 때 쓰는 만능 패턴
Can you tell me ~? ~를 알려 줄래?

Day 74
그렇다고 할 수 없다고 말할 때 쓰는 만능 패턴
I can't say ~ ~라고는 못하겠어

Day 75
어떤 일을 믿을 수 없다고 말할 때 쓰는 만능 패턴
I can't believe ~ ~을 믿을 수 없어

Day 76
무언가를 말할 수 없다고 말할 때 쓰는 만능 패턴
I can't tell ~ ~를 말할 수 없어

Day 77
무언가를 상상할 수 없다고 말할 때 쓰는 만능 패턴
I can't imagine ~ ~을 상상할 수 없어

Day 78
어떤 일을 할 수밖에 없다고 말할 때 쓰는 만능 패턴
I can't help but ~ ~하지 않을 수 없어

Day 79
어떤 일을 할 여유가 없다고 말할 때 쓰는 만능 패턴
I can't afford to ~ ~할 여유가 없어

Day 80
어떤 것을 알 수 있었다고 말할 때 쓰는 만능 패턴
I could tell ~ 나는 ~을 알 수 있었어

Day 81
어떤 일이 일어났을 수도 있었다고 말할 때 쓰는 만능 패턴
I could have been ~ 나는 ~일수도 있었어

Day 72

도와달라고 요청할 때 쓰는 만능 패턴

Can you help me ~?

~ 좀 도와줄래?

상대에게 내가 어떤 일을 하는 것을 도와달라고 요청할 때 쓰는 패턴이에요. 이때 can you ~?는 '~해줄래?'라는 의미예요. Can you help me 패턴 뒤에 도움을 요청할 일을 넣어 말해보세요.

무료 강의 및 MP3 바로 듣기

Step 1

Can you help me 패턴으로 미국인이 많이 쓰는 TOP 5 문장 따라 하며 말해보기

Can you help me with this?
이것 좀 도와줄래?
사용빈도 약 685,200회

Can you help me with my homework?
내 숙제 좀 도와줄래?
사용빈도 약 452,000회

Can you help me again?
다시 좀 도와줄래?
사용빈도 약 366,100회

Can you help me understand?
내가 이해하는 것 좀 도와줄래?
사용빈도 약 226,000회

Can you help me find him?
그를 찾는 것 좀 도와줄래?
사용빈도 약 163,580회

이런 말도 할 수 있어요.

Can you help me ________?

- **with this matter** 이 문제
- **wash the dishes** 설거지하다
- **pick this up** 이것을 집다

understand 이해하다 matter 문제 wash the dishes 설거지하다 pick up 집다

Step 2
이번에는 우리말만 보고 **Can you help me** 패턴으로 문장 말해보기

이것 **좀 도와줄래?**	**Can you help me** with this?
내 숙제 **좀 도와줄래?**	
다시 **좀 도와줄래?**	
내가 이해하는 것 **좀 도와줄래?**	
그를 찾는 것 **좀 도와줄래?**	
이 문제 **좀 도와줄래?**	

Step 3
Can you help me 패턴이 들어간 실제 대화 따라 하며 말해보기

방법을 알고 있는 사람에게
이것 좀 도와달라고 요청할 때

Michael I think I did this wrong.
내가 이걸 잘못한 것 같아.

Can you help me with this?
이것 좀 도와줄래?

Jessica Sure. Let me show you how to do it.
그럼. 그걸 하는 방법을 보여줄게.

<A.I.>에서
찾는 것 좀 도와달라고 요청할 때

Teddy **Can you help me** find David?
David 찾는 것 좀 도와줄래?

I have to find him.
나 그를 찾아야 해.

Allen Alright.
알겠어.

Day 73

무언가 알려 달라고 요청할 때 쓰는 만능 패턴

Can you tell me ~?

~를 알려 줄래?

상대에게 무언가 알려 달라고 요청할 때 쓰는 패턴이에요. can you tell me를 그대로 해석하면 "나에게 ~을 말해 줄 수 있어?"라는 뜻으로, "~을 알려 줄래?"라고 요청하는 말이 돼요. Can you tell me 패턴 뒤에 알려 달라고 요청할 것을 넣어 말해보세요.

무료 강의 및 MP3 바로 듣기

Step 1

Can you tell me 패턴으로 미국인이 많이 쓰는 TOP 5 문장 따라 하며 말해보기

Can you tell me where I am?
내가 어디 있는 건지를 알려 줄래?
사용빈도 약 9,103,200회

Can you tell me the time?
시간을 알려 줄래?
사용빈도 약 2,059,000회

Can you tell me what happened?
무슨 일이 일어났는지를 알려 줄래?
사용빈도 약 707,000회

Can you tell me why?
왜 그런지를 알려 줄래?
사용빈도 약 667,300회

Can you tell me where it is?
그것이 어디 있는지를 알려 줄래?
사용빈도 약 390,000회

이런 말도 할 수 있어요.

Can you tell me ______ ?

- **your name** 네 이름
- **the reason** 이유
- **when it starts** 그것이 언제 시작하는지

reason 이유

Step 2
이번에는 우리말만 보고 **Can you tell me** 패턴으로 문장 말해보기

내가 어디 있는 건지를 **알려 줄래?**	**Can you tell me** where I am?
시간을 **알려 줄래?**	
무슨 일이 일어났는지를 **알려 줄래?**	
왜 그런지를 **알려 줄래?**	
그것이 어디 있는지를 **알려 줄래?**	
네 이름을 **알려 줄래?**	

Step 3
Can you tell me 패턴이 들어간 실제 대화 따라 하며 말해보기

비행기가 지연된 이유를 알고 있는 사람에게
이유를 알려 달라고 요청할 때

Michael I heard the flight was delayed.
비행기가 지연되었다고 들었어.

Can you tell me why?
왜 그런지를 알려 줄래?

Jessica There was a problem with the engine.
엔진에 문제가 있었어.

<메이즈 러너>에서
이름을 알려 달라고 요청할 때

Alby **Can you tell me** your name?
네 이름을 알려 줄래?

Thomas I can't remember anything.
나 아무것도 기억이 안 나.

Day 73 해커스톡 영어회화 10분의 기적 패턴으로 말하기

Day 74

그렇다고 할 수 없다고 말할 때 쓰는 만능 패턴

I can't say ~

~라고는 못하겠어

불확실하거나 장담하기 어려워서 정확히 그렇다고 할 수 없다고 말할 때 쓰는 패턴이에요. I can't say를 그대로 해석하면 "나 ~라고 말할 수 없어."라는 뜻으로, "~라고는 못 하겠어."라는 의미가 돼요. I can't say 패턴 뒤에 꼭 그렇다고 할 수 없는 일을 넣어 말해보세요.

무료 강의 및 MP3 바로 듣기

Step 1
I can't say 패턴으로 미국인이 많이 쓰는 TOP 5 문장 따라 하며 말해보기

I can't say that.
그렇다고는 못하겠어.
사용빈도 약 47,940,000회

I can't say I knew him.
내가 그를 알았다고는 못하겠어.
사용빈도 약 8,226,300회

I can't say no to you.
너에게 아니라고는 못하겠어.
사용빈도 약 6,257,900회

I can't say I agree with that.
내가 그것에 동의한다고는 못하겠어.
사용빈도 약 2,047,000회

I can't say it won't happen again.
그것이 다시 일어나지 않는다고는 못하겠어.
사용빈도 약 1,206,300회

이런 말도 할 수 있어요.

I can't say ________.

- **I won't do it** 내가 그것을 하지 않을 거다
- **he's honest** 그는 정직하다
- **I liked it** 내가 그것을 좋아했다

agree 동의하다 honest 정직한

Step 2
이번에는 우리말만 보고 **I can't say** 패턴으로 문장 말해보기

그렇**다고는 못하겠어.**	**I can't say** that.
내가 그를 알았**다고는 못하겠어.**	
너에게 아니**라고는 못하겠어.**	
내가 그것에 동의한**다고는 못하겠어.**	
그것이 다시 일어나지 않는**다고는 못하겠어.**	
내가 그것을 하지 않을 거**라고는 못하겠어.**	

Step 3
I can't say 패턴이 들어간 실제 대화 따라 하며 말해보기

이전 동료에 대해 묻는 사람에게
그를 안다고 할 수 없다고 말할 때

Michael Did you know Kevin? He worked here last year.
너 케빈 알았어? 그는 작년에 여기서 일했었어.

Jessica I remember his face.
그의 얼굴은 기억해.

But **I can't say** I knew him.
하지만 내가 그를 알았다고는 못하겠어.

차가 또 고장날까봐 걱정하는 사람에게
다시 일어나지 않을 거라고 할 수 없다고 말할 때

Daniel Will my car break down again?
내 차가 다시 고장 날까?

Emma **I can't say** it won't happen again.
그것이 다시 일어나지 않는다고는 못하겠어.

This car is really old.
이 차는 아주 오래됐어.

Day 75

어떤 일을 믿을 수 없다고 말할 때 쓰는 만능 패턴

I can't believe ~

~을 믿을 수 없어

어떤 상황이나 일이 일어난 것을 믿을 수 없다고 말할 때 쓰는 패턴이에요. 예상과 다른 사실이나 소식을 접하고 놀라움을 나타낼 때 주로 써요. I can't believe 패턴 뒤에 믿을 수 없는 일을 넣어 말해보세요.

무료 강의 및 MP3 바로 듣기

Step 1
I can't believe 패턴으로 미국인이 많이 쓰는 TOP 5 문장 따라 하며 말해보기

I can't believe you didn't know that.
네가 그것을 몰랐다는 것을 믿을 수 없어.
사용빈도 약 3,350,000회

I can't believe I made it.
내가 해냈다는 것을 믿을 수 없어.
사용빈도 약 2,410,000회

I can't believe it.
그것을 믿을 수 없어.
사용빈도 약 1,980,000회

I can't believe you're getting married.
네가 결혼한다는 것을 믿을 수 없어.
사용빈도 약 1,400,000회

I can't believe you said that.
네가 그렇게 말했다는 것을 믿을 수 없어.
사용빈도 약 400,000회

이런 말도 할 수 있어요.

I can't believe ______.
- **you've done this** 네가 이것을 했다
- **you're still here** 네가 아직도 이곳에 있다
- **you don't remember me** 네가 나를 기억하지 못한다

make it 해내다 get married 결혼하다 still 아직도, 여전히 remember 기억하다

Step 2
이번에는 우리말만 보고 **I can't believe** 패턴으로 문장 말해보기

네가 그것을 몰랐다는 것을 **믿을 수 없어.**	**I can't believe** you didn't know that.
내가 해냈다는 것을 **믿을 수 없어.**	
그것을 **믿을 수 없어.**	
네가 결혼한다는 것을 **믿을 수 없어.**	
네가 그렇게 말했다는 것을 **믿을 수 없어.**	
네가 이것을 했다는 것을 **믿을 수 없어.**	

Step 3
I can't believe 패턴이 들어간 실제 대화 따라 하며 말해보기

나와 닮은 내 동생을 몰랐던 사람에게
몰랐다는 것을 믿을 수 없다고 말할 때

Michael I didn't know she was your sister.
그녀가 네 동생인지 몰랐어.

Jessica **I can't believe** you didn't know that.
네가 그것을 몰랐다는 것을 믿을 수 없어.

We look so alike.
우리는 정말 닮았는데.

<미녀와 야수>에서
그것을 믿을 수 없다고 말할 때

Belle **I can't believe** it!
그것을 믿을 수 없어요!

I've never seen a library like this in my life.
제 일생에 이런 서재를 본 적이 없어요.

Beast Do you like it?
마음에 들어요?

Day 76

무언가를 말할 수 없다고 말할 때 쓰는 만능 패턴

I can't tell ~

~를 말할 수 없어

어떤 사실을 말할 수 없다고 말할 때 쓰는 패턴이에요. 알고 있는 사실을 말해선 안 될 때나, 생각이나 감정을 말로 표현하기 어려울 때 주로 써요. I can't tell 패턴 뒤에 말할 수 없는 일을 넣어 말해보세요.

무료 강의 및 MP3 바로 듣기

Step 1

I can't tell 패턴으로 미국인이 많이 쓰는 TOP 5 문장 따라 하며 말해보기

I can't tell you what happened.
무슨 일이 일어났는지 네게 말할 수 없어.
사용빈도 약 4,090,000회

I can't tell you how much I love you.
내가 얼마나 너를 사랑하는지 네게 말할 수 없어.
사용빈도 약 2,970,000회

I can't tell how I feel.
내가 어떻게 느끼는지 말할 수 없어.
사용빈도 약 1,040,000회

I can't tell you anything.
아무것도 네게 말할 수 없어.
사용빈도 약 848,000회

I can't tell you why.
왜인지 네게 말할 수 없어.
사용빈도 약 812,000회

이런 말도 할 수 있어요.

I can't tell ________.

- **you about this** 이것에 대해 네게
- **you how much I miss you** 내가 얼마나 너를 그리워하는지 네게
- **the truth** 사실을

miss 그리워하다

Step 2

이번에는 우리말만 보고 **I can't tell** 패턴으로 문장 말해보기

무슨 일이 일어났는지 네게 **말할 수 없어.** — **I can't tell** you what happened.

내가 얼마나 너를 사랑하는지 네게 **말할 수 없어.**

내가 어떻게 느끼는지 **말할 수 없어.**

아무것도 네게 **말할 수 없어.**

왜인지 네게 **말할 수 없어.**

이것에 대해 네게 **말할 수 없어.**

Step 3

I can't tell 패턴이 들어간 실제 대화 따라 하며 말해보기

이상한 낌새를 알아챈 사람에게
아무것도 말할 수 없다고 말할 때

Michael What's going on? You're acting strangely.
무슨 일이야? 너 지금 이상하게 행동하고 있어.

Jessica **I can't tell** you anything.
아무것도 네게 말할 수 없어.

It's a secret.
그건 비밀이야.

<매트릭스>에서
일어난 일을 말할 수 없다고 말할 때

Neo Morpheus, what's happened to me?
모피어스, 저에게 무슨 일이 일어났던 거죠?

Morpheus **I can't tell** you what happened.
무슨 일이 일어났는지 네게 말할 수 없어.

Because we honestly don't know.
왜냐하면 우리는 솔직히 모르거든.

Day 77

무언가를 상상할 수 없다고 말할 때 쓰는 만능 패턴

I can't imagine ~

~을 상상할 수 없어

어떤 일을 상상하기 힘들다고 말할 때 쓰는 패턴이에요. 정말 모르겠다는 의미로도 쓸 수 있지만, 어떤 상황이 보통의 수준을 훨씬 넘어선다거나 불가능하다는 뜻으로도 써요. I can't imagine 패턴 뒤에 상상하기 힘든 일을 넣어 말해보세요.

무료 강의 및 MP3 바로 듣기

Step 1

I can't imagine 패턴으로 미국인이 많이 쓰는 TOP 5 문장 따라 하며 말해보기

I can't imagine how you feel.
네가 어떤 기분일지 상상할 수 없어.
사용빈도 약 38,200,000회

I can't imagine what you're going through.
네가 무슨 일을 겪고 있는지 상상할 수 없어.
사용빈도 약 24,970,000회

I can't imagine what happened.
무엇이 일어났는지 상상할 수 없어.
사용빈도 약 510,000회

I can't imagine my life without you.
네가 없는 삶을 상상할 수 없어.
사용빈도 약 344,000회

I can't imagine what the problem is.
무엇이 문제인지 상상할 수 없어.
사용빈도 약 177,000회

이런 말도 할 수 있어요.

I can't imagine ________.

what it's like 그것이 어떤지
what you're dealing with 네가 무슨 일을 다루고 있는지
how he did that 그가 어떻게 그것을 했는지

go through ~을 겪다 problem 문제 deal with 다루다

Step 2

이번에는 우리말만 보고 **I can't imagine** 패턴으로 문장 말해보기

네가 어떤 기분일지 **상상할 수 없어.**	**I can't imagine** how you feel.
네가 무슨 일을 겪고 있는지 **상상할 수 없어.**	
무엇이 일어났는지 **상상할 수 없어.**	
네가 없는 삶을 **상상할 수 없어.**	
무엇이 문제인지 **상상할 수 없어.**	
그것이 어떤지 **상상할 수 없어.**	

Step 3

I can't imagine 패턴이 들어간 실제 대화 따라 하며 말해보기

소중한 사람을 잃은 사람에게
어떤 기분인지 상상할 수 없다고 말할 때

Michael I'm sorry for your loss.
삼가 조의를 표합니다.

I can't imagine how you feel.
당신이 어떤 기분일지 상상할 수 없네요.

Jessica Thank you.
고마워요.

<악마는 프라다를 입는다>에서
당신이 없는 것은 상상할 수 없다고 말할 때

Andy You're leaving.
당신은 떠나잖아요.

I can't imagine my life without you.
당신이 없는 삶을 상상할 수 없어요.

Nigel I know. I know.
알아. 알아.

Day 78

어떤 일을 할 수밖에 없다고 말할 때 쓰는 만능 패턴

I can't help but ~

~하지 않을 수 없어

어떤 일을 어쩔 수 없이 할 수밖에 없다고 말할 때 쓰는 패턴이에요. 내 의도와 상관없이 어떤 일을 해야만 할 정도로 상황이 부득이하거나 간절했다는 의도를 표현할 때 주로 써요. I can't help but 패턴 뒤에 할 수밖에 없었던 일을 넣어 말해보세요.

무료 강의 및 MP3 바로 듣기

Step 1

I can't help but 패턴으로 미국인이 많이 쓰는 TOP 5 문장 따라 하며 말해보기

I can't help but wonder.
궁금해하지 않을 수 없어.
사용빈도 약 2,310,000회

I can't help but think that.
그렇게 생각하지 않을 수 없어.
사용빈도 약 1,375,000회

I can't help but laugh.
웃지 않을 수 없어.
사용빈도 약 1,022,000회

I can't help but notice.
알아채지 않을 수 없어.
사용빈도 약 652,000회

I can't help but feel this way.
이렇게 느끼지 않을 수 없어.
사용빈도 약 152,000회

이런 말도 할 수 있어요.

I can't help but ________.

- **wait** 기다리다
- **agree** 동의하다
- **be scared** 무서워하다

wonder 궁금해하다 laugh 웃다 notice 알아차리다 scared 무서워하는

Step 2

이번에는 우리말만 보고 **I can't help but** 패턴으로 문장 말해보기

궁금해하지 **않을 수 없어.**	**I can't help but** wonder.
그렇게 생각하지 **않을 수 없어.**	
웃지 **않을 수 없어.**	
알아채지 **않을 수 없어.**	
이렇게 느끼지 **않을 수 없어.**	
기다리지 **않을 수 없어.**	

Step 3

I can't help but 패턴이 들어간 실제 대화 따라 하며 말해보기

영화를 추천해준 사람에게
웃을 수밖에 없다고 말할 때

Michael Are you watching the movie I recommended?
내가 추천했던 영화 보고 있는 거야?

Jessica Yes. It's really funny.
응. 그것은 정말 재밌어.

I can't help but laugh.
웃지 않을 수 없어.

화난 것을 이해 못하는 사람에게
이렇게 느낄 수밖에 없다고 말할 때

Daniel Why are you so angry? I don't understand.
왜 그렇게 화났어? 이해가 안 돼.

Emma **I can't help but** feel this way.
이렇게 느끼지 않을 수 없어.

You lied to me.
너 나한테 거짓말했잖아.

Day 79

어떤 일을 할 여유가 없다고 말할 때 쓰는 만능 패턴

I can't afford to ~

~할 여유가 없어

어떤 일을 할 경제적 또는 시간적인 여유가 없다고 말할 때 쓰는 패턴이에요. afford는 '여유가 되다'라는 의미예요. I can't afford to 패턴 뒤에 여유가 없어 못 하는 일을 넣어 말해보세요.

무료 강의 및 MP3 바로 듣기

Step 1

I can't afford to 패턴으로 미국인이 많이 쓰는 TOP 5 문장 따라 하며 말해보기

I can't afford to do that.
그렇게 할 여유가 없어.
사용빈도 약 2,170,000회

I can't afford to eat.
먹을 여유가 없어.
사용빈도 약 1,520,000회

I can't afford to care.
신경 쓸 여유가 없어.
사용빈도 약 929,000회

I can't afford to buy a house.
집을 살 여유가 없어.
사용빈도 약 411,500회

I can't afford to get sick.
아플 여유가 없어.
사용빈도 약 375,000회

이런 말도 할 수 있어요.

I can't afford to ______.

buy a car 차를 사다
pay for parking 주차비를 내다
go on holiday 휴가를 가다

care 신경 쓰다 sick 아픈 parking 주차 holiday 휴가

Step 2
이번에는 우리말만 보고 **I can't afford to** 패턴으로 문장 말해보기

그렇게 **할 여유가 없어.**	**I can't afford to** do that.
먹을 **여유가 없어.**	
신경 **쓸 여유가 없어.**	
집을 **살 여유가 없어.**	
아플 **여유가 없어.**	
차를 **살 여유가 없어.**	

Step 3
I can't afford to 패턴이 들어간 실제 대화 따라 하며 말해보기

함께 여행가자는 사람에게
여행 갈 여유가 없다고 말할 때

Michael I'm going to travel in Europe for a month.
나 한 달 동안 유럽으로 여행 갈 거야.
Do you want to join me?
나랑 같이 갈래?

Jessica Sorry. **I can't afford to** do that.
미안해. 그렇게 할 여유가 없어.

집세 내는 것이 아깝다고 하는 사람에게
집을 살 여유가 없다고 말할 때

Daniel I can't believe you spend so much money on rent.
네가 집세에 그렇게 많은 돈을 쓴다는 걸 믿을 수 없어.

Emma I have no choice.
선택의 여지가 없어.
I can't afford to buy a house.
집을 살 여유가 없어.

Day 80

어떤 것을 알 수 있었다고 말할 때 쓰는 만능 패턴

I could tell ~

나는 ~을 알 수 있었어

과거에 어떤 것을 알 수 있었다고 말할 때 쓰는 패턴이에요. 이때, tell은 '알다, 구별하다'라는 뜻으로, '어떤 사실이나 차이점을 파악해냈다, 알아차렸다'라는 의미예요. I could tell 패턴 뒤에 알 수 있었던 것을 넣어 말해보세요.

무료 강의 및 MP3 바로 듣기

Step 1
I could tell 패턴으로 미국인이 많이 쓰는 TOP 5 문장 따라 하며 말해보기

I could tell the difference.
나는 차이점을 알 수 있었어.
사용빈도 약 1,319,600회

I could tell it was over.
나는 끝났다는 것을 알 수 있었어.
사용빈도 약 1,018,600회

I could tell you were different.
나는 네가 달랐다는 것을 알 수 있었어.
사용빈도 약 285,800회

I could tell you were happy.
나는 네가 행복했다는 것을 알 수 있었어.
사용빈도 약 153,000회

I could tell I was right.
나는 내가 옳았다는 것을 알 수 있었어.
사용빈도 약 131,302회

이런 말도 할 수 있어요.

I could tell ________ .

- **from your accent** 너의 억양으로
- **it was you** 그것이 너였다
- **she was angry** 그녀가 화났었다

difference 차이점 right 옳은 accent 억양

Step 2
이번에는 우리말만 보고 **I could tell** 패턴으로 문장 말해보기

나는 차이점을 알 수 있었어. — **I could tell** the difference.

나는 끝났다는 것을 알 수 있었어.

나는 네가 달랐다는 것을 알 수 있었어.

나는 네가 행복했다는 것을 알 수 있었어.

나는 내가 옳았다는 것을 알 수 있었어.

나는 너의 억양으로 알 수 있었어.

Step 3
I could tell 패턴이 들어간 실제 대화 따라 하며 말해보기

좋아하게 된 이유를 묻는 연인에게
네가 달랐다는 것을 알 수 있었다고 말할 때

Michael — Why did you like me when we first met?
우리 처음 만났을 때 내가 왜 좋았어?

Jessica — **I could tell** you were different.
나는 네가 달랐다는 것을 알 수 있었어.

<미드나잇 인 파리>에서
그것을 알 수 있었다고 말할 때

Lautrec — Are you American?
당신 미국인이에요?

I could tell from your accent.
나는 당신의 억양으로 알 수 있었어요.

Gil — Yes, I'm an American.
네, 저는 미국인이에요.

Day 81

어떤 일이 일어났을 수도 있었다고 말할 때 쓰는 만능 패턴

I could have been ~

나는 ~일수도 있었어

실제로는 일어나지 않았지만 과거에 일어날 수도 있었던 일을 말할 때 쓰는 패턴이에요. 이때 could는 '~일수도 있다'라는 의미고, 뒤에 have been을 함께 쓰면 과거에 '~일수도 있었다'라는 의미가 돼요. I could have been 패턴 뒤에 일어났을 수도 있었던 일을 넣어 말해보세요.

무료 강의 및 MP3 바로 듣기

Step 1
I could have been 패턴으로 미국인이 많이 쓰는 TOP 5 문장 따라 하며 말해보기

I could have been hurt.
나는 다쳤을 수도 있었어.
사용빈도 약 5,927,500회

I could have been in trouble.
나는 곤경에 처할 수도 있었어.
사용빈도 약 2,753,900회

I could have been killed.
나는 죽을 수도 있었어.
사용빈도 약 2,720,000회

I could have been a doctor.
나는 의사가 될 수도 있었어.
사용빈도 약 1,842,800회

I could have been with you.
나는 너와 함께할 수도 있었어.
사용빈도 약 972,700회

이런 말도 할 수 있어요.

I could have been ____________ .

- **wrong** 틀린
- **fired** 해고되었을
- **injured** 상처를 입은

hurt 다친 in trouble 곤경에 처한 fire 해고하다

Step 2
이번에는 우리말만 보고 **I could have been** 패턴으로 문장 말해보기

나는 다쳤을 수도 있었어.	**I could have been** hurt.
나는 곤경에 처할 수도 있었어.	
나는 죽을 수도 있었어.	
나는 의사가 될 수도 있었어.	
나는 너와 함께할 수도 있었어.	
나는 틀렸을 수도 있었어.	

Step 3
I could have been 패턴이 들어간 실제 대화 따라 하며 말해보기

내 과거를 알고 싶어 하는 사람에게
의사가 될 수도 있었다고 말할 때

Michael I went to medical school for a few years.
나 몇 년 동안 의대에 다녔어.

I could have been a doctor.
나는 의사가 될 수도 있었어.

Jessica What made you change your mind?
왜 마음을 바꿨어?

혼자 힘들어 한 사람에게
함께할 수도 있었다고 말할 때

Daniel Last week was really hard.
지난주는 정말 힘들었어.

Emma Why didn't you tell me?
왜 나한테 말 안 했어?

I could have been with you.
나는 너와 함께할 수도 있었어.

왕초보영어 탈출
해커스톡
HackersTalk.co.kr

I may/might 패턴

Day 82
도와주겠다고 공손하게 제안할 때 쓰는 만능 패턴
May I help you ~ 제가 ~을 도와드릴까요?

Day 83
상대의 과거 행동이나 상태를 추측해서 말할 때 쓰는 만능 패턴
You might have ~ 너는 ~이었을지도 몰라

Day 84
상대의 의견을 추측해서 말할 때 쓰는 만능 패턴
You might think ~ 너는 ~라고 생각할지도 몰라

Day 85
어떤 일을 할 수 있을지도 모른다고 말할 때 쓰는 만능 패턴
I might be able to ~ 나는 ~할 수 있을지도 몰라

Day 82

도와주겠다고 공손하게 제안할 때 쓰는 만능 패턴

May I help you ~?

제가 ~을 도와드릴까요?

상대가 하는 어떤 일을 도와주겠다고 공손하게 제안할 때 쓰는 패턴이에요. May I는 "제가 ~해도 될까요?"라는 뜻의 공손한 표현이에요. May I help you 패턴 뒤에 도와주겠다고 제안할 일을 넣어 말해보세요.

무료 강의 및 MP3 바로 듣기

Step 1

May I help you 패턴으로 미국인이 많이 쓰는 TOP 5 문장 따라 하며 말해보기

May I help you with that?
제가 그것을 도와드릴까요?
사용빈도 약 382,600회

May I help you find something?
제가 무언가를 찾는 것을 도와드릴까요?
사용빈도 약 313,000회

May I help you with something else?
제가 다른 것을 도와드릴까요?
사용빈도 약 257,000회

May I help you with your order?
제가 주문을 도와드릴까요?
사용빈도 약 206,000회

May I help you with anything?
제가 무언가 도와드릴까요?
사용빈도 약 161,440회

이런 말도 할 수 있어요.

May I help you ______?

- **get a taxi** 택시를 잡다
- **book a flight** 비행기를 예약하다
- **find your seat** 네 좌석을 찾다

book 예약하다 seat 좌석

Step 2
이번에는 우리말만 보고 **May I help you** 패턴으로 문장 말해보기

제가 그것을 **도와드릴까요?**	**May I help you** with that?
제가 무언가를 찾는 것을 **도와드릴까요?**	
제가 다른 것을 **도와드릴까요?**	
제가 주문을 **도와드릴까요?**	
제가 무언가 **도와드릴까요?**	
제가 택시를 잡는 것을 **도와드릴까요?**	

Step 3
May I help you 패턴이 들어간 실제 대화 따라 하며 말해보기

무언가 찾고 있는 것 같은 사람에게
무언가 찾는 걸 도와주겠다고 제안할 때

Michael **May I help you** find something?
제가 무언가를 찾는 것을 도와드릴까요?

Jessica No thanks.
고맙지만 괜찮아요.

I'm just looking.
그냥 둘러보고 있어요.

<엑스맨: 데이즈 오브 퓨쳐 패스트>에서
무언가 도와주겠다고 제안할 때

Hank **May I help you** with anything?
제가 무언가 도와드릴까요?

Logan Yes. What happened to the school?
네. 학교에 무슨 일이 있었던 거죠?

Day 83

상대의 과거 행동이나 상태를 추측해서 말할 때 쓰는 만능 패턴

You might have ~

너는 ~이었을지도 몰라

상대가 과거에 어떤 일을 했거나 어떤 상태였을 수 있다고 추측해서 말할 때 쓰는 패턴이에요. 이때, might는 '~일지도 모른다'라는 의미고, 뒤에 have been/told 등을 함께 쓰면 과거에 '~이었을지도 모른다'는 의미가 돼요. You might have 패턴 뒤에 추측한 상대의 과거 행동이나 상태를 넣어 말해보세요.

무료 강의 및 MP3 바로 듣기

Step 1

You might have 패턴으로 미국인이 많이 쓰는 TOP 5 문장 따라 하며 말해보기

You might have been busy.
너는 바빴었을지도 몰라.
사용빈도 약 2,359,900회

상대가 어떤 일을 하지 못한 이유를 바빴을 수도 있기 때문이라고 스스로 추측한 내용을 말할 때 써요.

You might have told me.
너는 나에게 말했었을지도 몰라.
사용빈도 약 2,086,700회

You might have heard the news.
너는 그 소식을 들었었을지도 몰라.
사용빈도 약 899,900회

You might have been right.
너는 옳았었을지도 몰라.
사용빈도 약 291,000회

You might have already known.
너는 이미 알고 있었을지도 몰라.
사용빈도 약 136,330회

이런 말도 할 수 있어요.

You might have ______.

- **been adopted** 입양됐다
- **tried this before** 전에 이것을 시도했다
- **seen this** 이것을 봤다

right 옳은 already 이미 adopt 입양하다

Step 2
이번에는 우리말만 보고 **You might have** 패턴으로 문장 말해보기

너는 바빴었을지도 몰라.	**You might have** been busy.
너는 나에게 말했었을지도 몰라.	
너는 그 소식을 들었었을지도 몰라.	
너는 옳았었을지도 몰라.	
너는 이미 알고 있었을지도 몰라.	
너는 입양됐었을지도 몰라.	

Step 3
You might have 패턴이 들어간 실제 대화 따라 하며 말해보기

내 전화를 못 받은 사람에게
바빴었을 수도 있다고 추측해서 말할 때

Michael You missed my call.
너 내 전화 못 받았지.

You might have been busy.
너는 바빴었을지도 몰라.

Jessica I was in a meeting at the time.
나 그때 회의하고 있었어.

<쿵푸 팬더 2>에서
입양됐을 수도 있다고 추측해서 말할 때

Mr. Ping I never told you this.
너한테 이것을 말한 적 없는데.

You might have been adopted.
너는 입양됐었을지도 몰라.

Po I knew it!
나도 그것을 알고 있었어요!

Day 84

상대의 의견을 추측해서 말할 때 쓰는 만능 패턴

You might think ~

너는 ~라고 생각할지도 몰라

상대의 의견이 어떤지 추측해서 말할 때 쓰는 패턴이에요. 뒤에 but을 써서 사실은 그렇지 않다는 내용을 함께 말하는 경우가 많아요. You might think 패턴 뒤에 상대가 어떻게 생각하는지 추측한 내용을 넣어 말해보세요.

무료 강의 및 MP3 바로 듣기

Step 1

You might think 패턴으로 미국인이 많이 쓰는 TOP 5 문장 따라 하며 말해보기

You might think it doesn't matter.
너는 그것이 중요하지 않다고 생각할지도 몰라.
사용빈도 약 4,041,000회

You might think I don't care.
너는 내가 신경 쓰지 않는다고 생각할지도 몰라.
사용빈도 약 1,006,101회

You might think you are smart.
너는 네가 똑똑하다고 생각할지도 몰라.
사용빈도 약 793,490회

You might think it's better.
너는 그것이 더 낫다고 생각할지도 몰라.
사용빈도 약 701,300회

You might think you can't afford it.
너는 네가 그것을 할 여유가 없다고 생각할지도 몰라.
사용빈도 약 673,110회

이런 말도 할 수 있어요.

You might think ______.

- **it's unfair** 그것이 불공평하다
- **it's wrong** 그것이 틀리다
- **it's boring** 그것이 지루하다

matter 중요하다 care 신경 쓰다 afford 여유가 되다 unfair 불공평한

Step 2

이번에는 우리말만 보고 **You might think** 패턴으로 문장 말해보기

너는 그것이 중요하지 않**다고 생각할지도 몰라.**	**You might think** it doesn't matter.
너는 내가 신경 쓰지 않는**다고 생각할지도 몰라.**	
너는 네가 똑똑하**다고 생각할지도 몰라.**	
너는 그것이 더 낫**다고 생각할지도 몰라.**	
너는 네가 그것을 할 여유가 없**다고 생각할지도 몰라.**	
너는 그것이 불공평하**다고 생각할지도 몰라.**	

Step 3

You might think 패턴이 들어간 실제 대화 따라 하며 말해보기

투표하지 않겠다는 사람에게
그것이 중요하지 않다는 의견이라고 추측해서 말할 때

Michael I'm not going to vote. I don't have time.
나 투표 안 할 거야. 시간이 없어.

Jessica **You might think** it doesn't matter.
너는 그것이 중요하지 않다고 생각할지도 몰라.

But voting is really important.
근데 투표하는 건 정말 중요해.

소금을 더 넣자는 사람에게
그것이 더 낫다는 의견이라고 추측해서 말할 때

Daniel I think this pasta needs more salt.
이 파스타에는 소금이 더 필요할 것 같아.

Emma **You might think** it's better.
너는 그것이 더 낫다고 생각할지도 몰라.

But I hate it when it's too salty.
근데 나는 그게 너무 짜면 싫어.

Day 85

어떤 일을 할 수 있을지도 모른다고 말할 때 쓰는 만능 패턴

I might be able to ~

나는 ~할 수 있을지도 몰라

확실한 것은 아니지만 어떤 일을 할 수 있을지도 모른다고 말할 때 쓰는 패턴이에요. be able to는 '~할 수 있다'라는 의미예요. I might be able to 패턴 뒤에 할 수 있을지도 모르는 일을 넣어 말해보세요.

무료 강의 및 MP3 바로 듣기

Step 1
I might be able to 패턴으로 미국인이 많이 쓰는 TOP 5 문장 따라 하며 말해보기

I might be able to come.
나는 올 수 있을지도 몰라.
사용빈도 약 33,903,000회

I might be able to help you.
나는 너를 도와줄 수 있을지도 몰라.
사용빈도 약 12,629,000회

I might be able to do something.
나는 무언가 할 수 있을지도 몰라.
사용빈도 약 9,296,000회

I might be able to get it done.
나는 끝낼 수 있을지도 몰라.
사용빈도 약 638,004회

I might be able to join you.
나는 너와 함께할 수 있을지도 몰라.
사용빈도 약 213,000회

이런 말도 할 수 있어요.

I might be able to ______.

give you a discount 할인을 해주다
meet you later 나중에 너를 만나다
check for you 너를 위해 확인하다

get it done 끝내다 discount 할인

Step 2
이번에는 우리말만 보고 **I might be able to** 패턴으로 문장 말해보기

나는 올 수 있을지도 몰라.	**I might be able to** come.
나는 너를 도와줄 수 있을지도 몰라.	
나는 무언가 할 수 있을지도 몰라.	
나는 끝낼 수 있을지도 몰라.	
나는 너와 함께할 수 있을지도 몰라.	
나는 할인을 해줄 수 있을지도 몰라.	

Step 3
I might be able to 패턴이 들어간 실제 대화 따라 하며 말해보기

새 집을 찾고 있는 사람에게
도와줄 수 있을지도 모른다고 말할 때

Michael Are you looking for a new apartment?
새 아파트 찾고 있어?

I might be able to help you.
나는 너를 도와줄 수 있을지도 몰라.

Jessica Do you know any good places?
어디 좋은 데 알고 있어?

야구경기를 보러 가려는 사람에게
함께할 수 있을지도 모른다고 말할 때

Daniel Will you go to the baseball game this Sunday?
이번 주 일요일에 야구경기를 보러 갈 거야?

I might be able to join you.
나는 너와 함께할 수 있을지도 몰라.

Emma Great.
잘됐다.

왕초보영어 탈출
해커스톡
HackersTalk.co.kr

I should/must 패턴

Day 86
어떤 일을 꼭 할 수 있을 거라고 말할 때 쓰는 만능 패턴
I should be able to ~ 나는 꼭 ~할 수 있을 거야

Day 87
몰랐던 것을 알았어야 했다고 말할 때 쓰는 만능 패턴
I should have known ~ 나는 ~을 알았어야 했어

Day 88
상대가 알기를 바라는 것을 강하게 말할 때 쓰는 만능 패턴
You should know ~ 너는 ~ 알아야 해

Day 89
상대가 무언가를 봤어야 했다고 말할 때 쓰는 만능 패턴
You should have seen ~ 너는 ~을 봤어야 했어

Day 90
하고 싶은 말을 강조하여 말할 때 쓰는 만능 패턴
I must say ~ 나는 ~라고 꼭 말해야겠어

Day 91
어떤 사실을 인정할 때 쓰는 만능 패턴
I must admit ~ 나는 ~을 인정해야겠어

Day 86

어떤 일을 꼭 할 수 있을 거라고 말할 때 쓰는 만능 패턴

I should be able to ~

나는 꼭 ~할 수 있을 거야

어떤 일을 꼭 할 수 있을 거라는 강한 기대를 말할 때 쓰는 패턴이에요. 이때, should는 '꼭 ~일 것이다'라는 의미로, 어떤 일이 반드시 일어날 것이라는 강한 기대를 나타내요. I should be able to 패턴 뒤에 할 수 있을 거라고 기대하는 일을 넣어 말해보세요.

무료 강의 및 MP3 바로 듣기

Step 1

I should be able to 패턴으로 미국인이 많이 쓰는 TOP 5 문장 따라 하며 말해보기

I should be able to come.
나는 꼭 올 수 있을 거야.
사용빈도 약 49,060,000회

I should be able to fix it.
나는 꼭 그것을 고칠 수 있을 거야.
사용빈도 약 2,573,000회

I should be able to buy it.
나는 꼭 그것을 살 수 있을 거야.
사용빈도 약 2,552,003회

I should be able to do better.
나는 꼭 더 잘 할 수 있을 거야.
사용빈도 약 1,236,003회

I should be able to do this myself.
나는 꼭 이것을 스스로 할 수 있을 거야.
사용빈도 약 388,700회

이런 말도 할 수 있어요.

I should be able to ______.

- **talk to him** 그와 얘기하다
- **make it** 해내다
- **arrive early** 일찍 도착하다

arrive 도착하다

Step 2
이번에는 우리말만 보고 **I should be able to** 패턴으로 문장 말해보기

나는 꼭 올 수 있을 거야. — **I should be able to** come.

나는 꼭 그것을 고칠 수 있을 거야.

나는 꼭 그것을 살 수 있을 거야.

나는 꼭 더 잘 할 수 있을 거야.

나는 꼭 이것을 스스로 할 수 있을 거야.

나는 꼭 그와 얘기할 수 있을 거야.

Step 3
I should be able to 패턴이 들어간 실제 대화 따라 하며 말해보기

공연에 초대하는 사람에게
꼭 갈 수 있을 거라고 말할 때

Michael I'll perform in this hall on Saturday. Can you come?
나 토요일에 이 홀에서 연주해. 올 수 있어?

Jessica **I should be able to** come.
나는 꼭 올 수 있을 거야.

내가 이길 수 없다고 말하는 사람에게
꼭 더 잘 할 수 있을 거라고 말할 때

Daniel You'll never beat me at bowling.
너는 볼링에서 나를 절대 이길 수 없을 거야.

Emma Let's play another game.
한 게임 더 하자.

I should be able to do better.
나는 꼭 더 잘 할 수 있을 거야.

Day 87

몰랐던 것을 알았어야 했다고 말할 때 쓰는 만능 패턴

I should have known ~

나는 ~을 알았어야 했어

몰랐던 어떤 것을 알았어야 했다고 말할 때 쓰는 패턴이에요. 내가 과거에 무언가를 몰랐다는 사실이 안타까울 때 주로 써요. I should have known 패턴 뒤에 알았어야 했던 일을 넣어 말해보세요.

무료 강의 및 MP3 바로 듣기

Step 1
I should have known 패턴으로 미국인이 많이 쓰는 TOP 5 문장 따라 하며 말해보기

I should have known the truth.
나는 진실을 알았어야 했어.
사용빈도 약 1,741,500회

I should have known about this.
나는 이것에 대해 알았어야 했어.
사용빈도 약 1,198,800회

I should have known you were right.
나는 네가 옳았다는 것을 알았어야 했어.
사용빈도 약 993,800회

I should have known better.
나는 더 잘 알았어야 했어.
사용빈도 약 934,500회

I should have known what to do.
나는 무엇을 해야 할지 알았어야 했어.
사용빈도 약 168,700회

이런 말도 할 수 있어요.

I should have known ________.

this earlier 이것을 더 일찍
it was dangerous 그것이 위험하다
you were sick 네가 아팠다

truth 진실, 사실   dangerous 위험한

Step 2
이번에는 우리말만 보고 **I should have known** 패턴으로 문장 말해보기

나는 진실을 **알았어야 했어.**	**I should have known** the truth.
나는 이것에 대해 **알았어야 했어.**	
나는 네가 옳았다는 것을 **알았어야 했어.**	
나는 더 잘 **알았어야 했어.**	
나는 무엇을 해야 할지 **알았어야 했어.**	
나는 이것을 더 일찍 **알았어야 했어.**	

Step 3
I should have known 패턴이 들어간 실제 대화 따라 하며 말해보기

내가 오해했던 사람에게
더 잘 알았어야 했다고 말할 때

Michael I thought it was your fault.
나는 그게 네 잘못이었다고 생각했어.

I should have known better.
나는 더 잘 알았어야 했어.

Jessica Don't worry. It's OK.
걱정 마. 괜찮아.

바뀐 일정을 이제야 알려준 사람에게
더 일찍 알았어야 했다고 말할 때

Daniel We rescheduled our meeting.
우리 회의 일정을 바꿨어.

Emma Really?
진짜?

I should have known this earlier.
나는 이것을 더 일찍 알았어야 했어.

Day 88

상대가 알기를 바라는 것을 강하게 말할 때 쓰는 만능 패턴

You should know ~

너는 ~ 알아야 해

상대가 알아주길 바라는 내용을 강하게 전달할 때 쓰는 패턴이에요. 내 생각에는 상대가 이미 알고 있어야 하는데 모르는 것을 알려줄 때도 쓸 수 있어요. You should know 패턴 뒤에 상대가 알았으면 하는 것을 넣어 말해보세요.

무료 강의 및 MP3 바로 듣기

Step 1
You should know 패턴으로 미국인이 많이 쓰는 TOP 5 문장 따라 하며 말해보기

You should know it.
너는 그것을 알아야 해.
사용빈도 약 17,601,000회

You should know you're not alone.
너는 네가 혼자가 아니라는 것을 알아야 해.
사용빈도 약 9,603,300회

You should know I love you.
너는 내가 너를 사랑한다는 것을 알아야 해.
사용빈도 약 2,446,300회

You should know better.
너는 더 잘 알아야 해.
사용빈도 약 1,493,800회

You should know that by now.
너는 지금쯤은 그것을 알아야 해.
사용빈도 약 367,000회

이런 말도 할 수 있어요.

You should know ______.
- **I care** 내가 신경 쓴다
- **it's over** 끝났다
- **it's not safe** 안전하지 않다

alone 혼자 by now 지금쯤 care 신경 쓰다

Step 2

이번에는 우리말만 보고 **You should know** 패턴으로 문장 말해보기

너는 그것을 **알아야 해.**	**You should know** it.
너는 네가 혼자가 아니라는 것을 **알아야 해.**	
너는 내가 너를 사랑한다는 것을 **알아야 해.**	
너는 더 잘 **알아야 해.**	
너는 지금쯤은 그것을 **알아야 해.**	
너는 내가 신경 쓴다는 것을 **알아야 해.**	

Step 3

You should know 패턴이 들어간 실제 대화 따라 하며 말해보기

외로워하는 사람에게
혼자가 아니라는 것을 강하게 말할 때

Michael I'm so lonely.
나 너무 외로워.

Jessica **You should know** you're not alone.
너는 네가 혼자가 아니라는 것을 알아야 해.

I'll be always there for you.
내가 항상 네 곁에 있을게.

<블랙 스완>에서
지금쯤은 알아야 한다는 것을 강하게 말할 때

Leroy I don't care about your technique.
난 자네의 기술은 신경 쓰지 않아.

You should know that by now.
너는 지금쯤은 그것을 알아야 해.

Nina Yes, but I practiced last night, and I did it.
네, 그렇지만 전 어제 연습했고, 해냈어요.

Day 89

상대가 무언가를 봤어야 했다고 말할 때 쓰는 만능 패턴

You should have seen ~

너는 ~을 봤어야 했어

상대가 보지 못한 어떤 것을 봤어야 했다고 말할 때 쓰는 패턴이에요. 상대가 과거에 무언가를 보지 못했다는 사실이 안타까울 때 주로 써요. You should have seen 패턴 뒤에 상대가 봤어야 했던 일을 넣어 말해보세요.

무료 강의 및 MP3 바로 듣기

Step 1

You should have seen 패턴으로 미국인이 많이 쓰는 TOP 5 문장 따라 하며 말해보기

You should have seen the movie.
너는 그 영화를 봤어야 했어.
사용빈도 약 4,123,800회

You should have seen the crowd.
너는 그 인파를 봤어야 했어.
사용빈도 약 2,334,200회

You should have seen it.
너는 그것을 봤어야 했어.
사용빈도 약 1,729,500회

You should have seen what happened.
너는 무슨 일이 일어났는지를 봤어야 했어.
사용빈도 약 439,800회

You should have seen him before.
너는 전에 그를 봤어야 했어.
사용빈도 약 269,000회

이런 말도 할 수 있어요.

You should have seen ________.

- **the look she gave me** 그녀가 나를 쳐다보는 표정
- **the mess** 그 난장판
- **his face** 그의 얼굴

crowd 인파, 군중 look 표정 mess 난장판

Step 2

이번에는 우리말만 보고 **You should have seen** 패턴으로 문장 말해보기

너는 그 영화를 **봤어야 했어.** — **You should have seen** the movie.

너는 그 인파를 **봤어야 했어.**

너는 그것을 **봤어야 했어.**

너는 무슨 일이 일어났는지를 **봤어야 했어.**

너는 전에 그를 **봤어야 했어.**

너는 그녀가 나를 쳐다보는 표정을 **봤어야 했어.**

Step 3

You should have seen 패턴이 들어간 실제 대화 따라 하며 말해보기

영화를 보지 않은 사람에게
그 영화를 봤어야 했다고 말할 때

Michael **You should have seen** the movie.
너는 그 영화를 봤어야 했어.

It's the best romance film I've seen.
내가 봤던 로맨스 영화 중에 최고야.

Jessica I don't really like love stories.
나는 사랑 이야기 별로 안 좋아해.

<악마는 프라다를 입는다>에서
표정을 봤어야 했다고 말할 때

Andy **You should have seen** the look she gave me!
너는 그녀가 나를 쳐다보는 표정을 봤어야 했어!

It was so scary!
정말 무서웠다니까!

Nate That's funny.
재밌다.

Day 90

하고 싶은 말을 강조하여 말할 때 쓰는 만능 패턴

I must say ~

나는 ~라고 꼭 말해야겠어

상대에게 하고 싶은 말을 강조하여 말할 때 쓰는 패턴이에요. '반드시 ~ 해야 한다'는 의미의 must 뒤에 say를 써서 "반드시 말해야 해."라고 강조해주는 거예요. I must say 패턴 뒤에 강조하고 싶은 말을 넣어 말해보세요.

무료 강의 및 MP3 바로 듣기

Step 1

I must say 패턴으로 미국인이 많이 쓰는 TOP 5 문장 따라 하며 말해보기

I must say it was amazing.
나는 그것이 놀라웠다고 꼭 말해야겠어.
사용빈도 약 13,420,800회

I must say I'm sorry.
나는 내가 미안하다고 꼭 말해야겠어.
사용빈도 약 3,728,800회

I must say I love you.
나는 내가 널 사랑한다고 꼭 말해야겠어.
사용빈도 약 1,077,300회

I must say thank you.
나는 네게 고맙다고 꼭 말해야겠어.
사용빈도 약 598,600회

I must say goodbye.
나는 잘 가라고 꼭 말해야겠어.
사용빈도 약 427,000회

이런 말도 할 수 있어요.

I must say ______.

I'm impressed 내가 감명받았다
I expected more 내가 더 기대했었다
the food is delicious 음식이 맛있었다

amazing 놀라운 impressed 감명을 받은 expect 기대하다

Step 2
이번에는 우리말만 보고 **I must say** 패턴으로 문장 말해보기

- 나는 그것이 놀라웠다고 꼭 말해야겠어. — **I must say** it was amazing.
- 나는 내가 미안하다고 꼭 말해야겠어.
- 나는 내가 널 사랑한다고 꼭 말해야겠어.
- 나는 네게 고맙다고 꼭 말해야겠어.
- 나는 잘 가라고 꼭 말해야겠어.
- 나는 내가 감명받았다고 꼭 말해야겠어.

Step 3
I must say 패턴이 들어간 실제 대화 따라 하며 말해보기

다녀 온 여행에 대해 묻는 사람에게
놀라웠다는 것을 강조해서 말할 때

Michael How was your trip to South Africa?
남아프리카 여행 어땠어?

Jessica **I must say** it was amazing.
나는 그것이 놀라웠다고 꼭 말해야겠어.

We saw so much wildlife.
우리는 야생동물을 많이 봤어.

친절하게 대해준 사람에게
고맙다는 것을 강조해서 말할 때

Daniel **I must say** thank you.
나는 네게 고맙다고 꼭 말해야겠어.

You were so kind during my stay.
너는 내가 머무르는 동안 너무 친절하게 대해줬잖아.

Emma You're welcome.
천만에.

Day 91

어떤 사실을 인정할 때 쓰는 만능 패턴

I must admit ~

나는 ~을 인정해야겠어

어떤 것이 사실이라고 인정할 때 쓰는 패턴이에요. admit은 '~을 인정하다'라는 의미예요. 인정하는 것이 내키진 않지만 어떤 사실을 인정할 때, 또는 나의 솔직한 심정을 털어 놓을 때 주로 써요. I must admit 패턴 뒤에 인정하는 사실을 넣어 말해보세요.

무료 강의 및 MP3 바로 듣기

Step 1

I must admit 패턴으로 미국인이 많이 쓰는 TOP 5 문장 따라 하며 말해보기

I must admit I like it.
나는 내가 그것을 좋아한다는 것을 인정해야겠어.
사용빈도 약 3,585,600회

I must admit I fell in love.
나는 내가 사랑에 빠졌다는 것을 인정해야겠어.
사용빈도 약 813,300회

I must admit I was wrong.
나는 내가 틀렸다는 것을 인정해야겠어.
사용빈도 약 690,900회

I must admit I was surprised.
나는 내가 놀랐었다는 것을 인정해야겠어.
사용빈도 약 670,900회

I must admit it was good.
나는 그것이 좋았다는 것을 인정해야겠어.
사용빈도 약 126,200회

이런 말도 할 수 있어요.

I must admit ______.

- **I miss him** 내가 그를 그리워한다
- **I can't explain** 그것을 설명할 수 없다
- **I'm confused** 내가 혼란스럽다

fall in love 사랑에 빠지다 miss 그리워하다 confused 혼란스러운

Step 2
이번에는 우리말만 보고 **I must admit** 패턴으로 문장 말해보기

나는 내가 그것을 좋아한다는 것을 인정해야겠어. **I must admit** I like it.

나는 내가 사랑에 빠졌다는 것을 인정해야겠어.

나는 내가 틀렸다는 것을 인정해야겠어.

나는 내가 놀랐었다는 것을 인정해야겠어.

나는 그것이 좋았다는 것을 인정해야겠어.

나는 내가 그를 그리워한다는 것을 인정해야겠어.

Step 3
I must admit 패턴이 들어간 실제 대화 따라 하며 말해보기

내가 길 안내 중이던 사람에게
틀렸다는 것을 인정할 때

Michael **I must admit** I was wrong.
나는 내가 틀렸다는 것을 인정해야겠어.

This is not the right way to the stadium.
이 길은 경기장으로 가는 길이 아니야.

Jessica Well, how do we get there then?
음, 그럼 우리 거기 어떻게 가?

청혼받은 기분을 묻는 사람에게
놀랐었다는 것을 인정할 때

Daniel How did you feel when Frank proposed to you?
프랭크가 청혼했을 때 기분이 어땠어?

Emma **I must admit** I was surprised.
나는 내가 놀랐었다는 것을 인정해야겠어.

But I was really happy at the same time.
근데 동시에 너무 행복했어.

왕초보영어 탈출
해커스톡
HackersTalk.co.kr

표현이 더 풍부해지는 추가 패턴

Day 92
일시적으로 느끼는 기분을 말할 때 쓰는 만능 패턴
I feel like ~ ~인 것 같은 기분이야

Day 93
어떤 것에 대한 의견이나 인상을 말할 때 쓰는 만능 패턴
It seems like ~ ~인듯해

Day 94
그대로가 좋다고 말할 때 쓰는 만능 패턴
I like the way ~ 나는 ~ 그대로가 좋아

Day 95
어떤 일이 사실인지 간접적으로 물어볼 때 쓰는 만능 패턴
I wonder if ~ 나는 ~인지 궁금해

Day 96
어떤 일을 해도 되는지 허락을 구할 때 쓰는 만능 패턴
Do you mind if I ~? 내가 ~해도 괜찮을까?

Day 97
과거에만 했던 일이나 상태를 말할 때 쓰는 만능 패턴
I used to ~ 나 예전에 ~했어

Day 98
무언가 기대된다고 말할 때 쓰는 만능 패턴
I look forward to ~ 나는 ~이 기대돼

Day 99
어떤 것을 생각해냈다고 말할 때 쓰는 만능 패턴
I came up with ~ 내가 ~을 생각해냈어

Day 100
중요한 일을 당부할 때 쓰는 만능 패턴
Make sure ~ 절대 ~하지 마 / 꼭 ~해

Day 92

일시적으로 느끼는 기분을 말할 때 쓰는 만능 패턴

I feel like ~

~인 것 같은 기분이야

지금 일시적으로 어떤 기분을 느끼는지 말할 때 쓰는 패턴이에요. feel like는 '~인 것 같은 기분이다'라는 의미예요. I feel like 패턴 뒤에 일시적으로 느끼는 기분을 넣어 말해보세요.

무료 강의 및 MP3 바로 듣기

Step 1

I feel like 패턴으로 미국인이 많이 쓰는 TOP 5 문장 따라 하며 말해보기

I feel like a boss.
대장인 것 같은 기분이야.
내가 하고 싶은 대로 할 수 있어서 기분이 좋을 때 써요.
사용빈도 약 4,113,000회

I feel like a teenager.
십대인 것 같은 기분이야.
사용빈도 약 3,460,000회

I feel like I can trust you.
너를 믿을 수 있을 것 같은 기분이야.
사용빈도 약 2,945,000회

I feel like I'm wrong.
내가 틀린 것 같은 기분이야.
사용빈도 약 1,930,000회

I feel like I'm at home.
집에 있는 것 같은 기분이야.
사용빈도 약 1,349,000회

이런 말도 할 수 있어요.

I feel like ______.

- **It's over** 그것이 끝나다
- **I'm getting sick** 몸이 아프다
- **we've met before** 우리가 전에 만난 적 있다

teenager 십대 trust 믿다

Step 2
이번에는 우리말만 보고 **I feel like** 패턴으로 문장 말해보기

대장인 **것 같은 기분이야.** — **I feel like** a boss.

십대인 **것 같은 기분이야.**

너를 믿을 수 있을 **것 같은 기분이야.**

내가 틀린 **것 같은 기분이야.**

집에 있는 **것 같은 기분이야.**

그것이 끝난 **것 같은 기분이야.**

Step 3
I feel like 패턴이 들어간 실제 대화 따라 하며 말해보기

집에 초대해준 사람에게
집에 있는 듯한 기분이라고 말할 때

Michael Your place is so cozy.
너희 집 너무 편안하다.

I feel like I'm at home.
집에 있는 것 같은 기분이야.

Jessica I'm glad you feel that way.
네가 그렇게 느낀다니 다행이야.

<트루먼 쇼>에서
십대인 듯한 기분이라고 말할 때

Meryl And then what, Truman?
그리고 나면 뭐가 되는데, 트루먼?

You're talking like a teenager.
넌 마치 십대처럼 말하는구나.

Truman **I feel like** a teenager.
십대인 것 같은 기분이야.

Day 93

어떤 것에 대한 의견이나 인상을 말할 때 쓰는 만능 패턴

It seems like ~

~인듯해

어떤 것에 대한 의견이나 인상을 말할 때 쓰는 패턴이에요. seem like는 '~처럼 보이다'라는 의미예요. It seems like 패턴 뒤에 무언가에 대한 의견이나 받은 인상을 넣어 말해보세요.

무료 강의 및 MP3 바로 듣기

Step 1

It seems like 패턴으로 미국인이 많이 쓰는 TOP 5 문장 따라 하며 말해보기

It seems like a problem.
문제인듯해.
사용빈도 약 28,873,400회

어떤 상황이나 사건이 문제가 될 것 같아 걱정된다는 의미로 말할 때 써요.

It seems like a lot of work.
일이 많은듯해.
사용빈도 약 8,005,000회

It seems like a great deal.
좋은 거래인듯해.
사용빈도 약 2,300,000회

It seems like a waste of money.
돈 낭비인듯해.
사용빈도 약 860,900회

It seems like a good plan.
좋은 계획인듯해.
사용빈도 약 237,000회

이런 말도 할 수 있어요.

It seems like ________.
- **you're busy** 너는 바쁘다
- **people are angry** 사람들이 화나 있다
- **everything is getting better** 모든 것이 좋아지고 있다

problem 문제 deal 거래

Step 2

이번에는 우리말만 보고 **It seems like** 패턴으로 문장 말해보기

문제**인듯해**.	**It seems like** a problem.
일이 많**은듯해**.	
좋은 거래**인듯해**.	
돈 낭비**인듯해**.	
좋은 계획**인듯해**.	
너는 바**쁜듯해**.	

Step 3

It seems like 패턴이 들어간 실제 대화 따라 하며 말해보기

50% 할인 제품을 발견한 사람에게
좋은 거래인 것 같다는 의견을 말할 때

Michael This computer is 50 percent off.
이 컴퓨터는 반값이야.

Jessica **It seems like** a great deal.
좋은 거래인듯해.

Are you going to buy it?
그것을 살 거야?

새 휴대전화를 사겠다는 사람에게
돈 낭비인 것 같다는 의견을 말할 때

Daniel Should I buy this new cell phone?
나 이 새 휴대전화 사야 할까?

Emma **It seems like** a waste of money.
돈 낭비인듯해.

Your cell phone looks OK.
네 휴대전화 괜찮아 보이는데.

Day 94

그대로가 좋다고 말할 때 쓰는 만능 패턴

I like the way ~

나는 ~ 그대로가 좋아

어떤 상태 그대로, 또는 어떤 일이 일어나는 방식 그대로가 좋다고 말할 때 쓰는 패턴이에요. 이때, way는 '방식, 태도'라는 뜻으로, "그 방식 그대로가 좋아."라고 강조해 주는 거예요. I like the way 패턴 뒤에 그대로가 좋은 일을 넣어 말해보세요.

무료 강의 및 MP3 바로 듣기

Step 1

I like the way 패턴으로 미국인이 많이 쓰는 TOP 5 문장 따라 하며 말해보기

I like the way you are.
나는 너인 그대로가 좋아.
사용빈도 약 32,180,000회

I like the way you think.
나는 네가 생각하는 방식 그대로가 좋아.
사용빈도 약 13,134,000회

I like the way it feels.
나는 느껴지는 그대로가 좋아.
어떤 물건이 주는 촉감이나 느낌이 좋을 때 써요.
사용빈도 약 10,817,000회

I like the way I look.
나는 내가 보여지는 그대로가 좋아.
사용빈도 약 10,038,000회

I like the way you talk.
나는 네가 말하는 방식 그대로가 좋아.
사용빈도 약 2,320,000회

이런 말도 할 수 있어요.

I like the way ____________.

- **you smile** 네가 웃는다
- **it tastes** 그것이 맛이 나다
- **you cook** 네가 요리한다

taste 맛이 나다

Step 2
이번에는 우리말만 보고 **I like the way** 패턴으로 문장 말해보기

나는 너인 **그대로가 좋아.** — **I like the way** you are.

나는 네가 생각하는 방식 **그대로가 좋아.**

나는 느껴지는 **그대로가 좋아.**

나는 내가 보여지는 **그대로가 좋아.**

나는 네가 말하는 방식 **그대로가 좋아.**

나는 네가 웃는 방식 **그대로가 좋아.**

Step 3
I like the way 패턴이 들어간 실제 대화 따라 하며 말해보기

좋은 사람이라고 생각하는 사람에게
너인 그대로가 좋다고 말할 때

Michael　You're really honest and kind.
너는 정말 솔직하고 친절해.

I like the way you are.
나는 너인 그대로가 좋아.

Jessica　Thank you. You're so sweet.
고마워. 넌 정말 다정하다.

<어바웃 타임>에서
말하는 방식 그대로가 좋다고 말할 때

Mary　It's yummy. Yeah?
이거 맛있나. 그지?

Tim　**I like the way** you talk.
나는 네가 말하는 방식 그대로가 좋아.

Day 95

어떤 일이 사실인지 간접적으로 물어볼 때 쓰는 만능 패턴

I wonder if ~

나는 ~인지 궁금해

상대에게 어떤 일이 사실인지 간접적으로 물어볼 때 쓰는 패턴이에요. 어떤 것을 직접적으로 묻는 대신에, '궁금하다'라는 뜻의 wonder를 써서 "나 궁금해."라고 간접적으로 묻는 거예요. 이때 if는 '~인지 아닌지'라는 의미예요. I wonder if 패턴 뒤에 사실인지 물어볼 내용을 넣어 말해보세요.

무료 강의 및 MP3 바로 듣기

Step 1

I wonder if 패턴으로 미국인이 많이 쓰는 TOP 5 문장 따라 하며 말해보기

I wonder if you know.
나는 네가 아는지 궁금해.
사용빈도 약 192,990,000회

I wonder if you can help me.
나는 네가 나를 도와줄 수 있는지 궁금해.
사용빈도 약 20,633,000회

I wonder if it's true.
나는 그것이 진짜인지 궁금해.
사용빈도 약 12,386,000회

I wonder if you think of me.
나는 네가 나를 생각하는지 궁금해.
사용빈도 약 4,065,000회

I wonder if I'm doing the right thing.
나는 내가 옳은 일을 하고 있는지 궁금해.
사용빈도 약 172,400회

이런 말도 할 수 있어요.

I wonder if ______.

- **there is a problem** 문제가 있는지
- **she quits** 그녀가 그만두는지
- **it's still raining** 아직도 비가 계속 오고 있는지

quit 그만두다 still 계속, 아직도

Step 2
이번에는 우리말만 보고 **I wonder if** 패턴으로 문장 말해보기

나는 네가 아**는지 궁금해.**	**I wonder if** you know.
나는 네가 나를 도와줄 수 있**는지 궁금해.**	
나는 그것이 진짜**인지 궁금해.**	
나는 네가 나를 생각하**는지 궁금해.**	
나는 내가 옳은 일을 하고 있**는지 궁금해.**	
나는 문제가 있**는지 궁금해.**	

Step 3
I wonder if 패턴이 들어간 실제 대화 따라 하며 말해보기

발표를 도와줄 수 있는 사람에게
도와줄 수 있는지 간접적으로 물어볼 때

Michael
I need to prepare for my presentation.
나 발표 준비해야 해.

I wonder if you can help me.
나는 네가 나를 도와줄 수 있는지 궁금해.

Jessica
Of course I can. What is it about?
당연히 도와줄 수 있지. 뭐에 대한 건데?

투자 시기가 나쁜 건지 알만한 사람에게
그것이 진짜인지 간접적으로 물어볼 때

Daniel
I heard that now is a bad time to invest.
지금은 투자하기에 좋은 타이밍이 아니라고 들었어.

I wonder if it's true.
나는 그것이 진짜인지 궁금해.

Emma
No one can be sure.
아무도 확신할 수 없어.

Day 96

어떤 일을 해도 되는지 허락을 구할 때 쓰는 만능 패턴

Do you mind if I ~?

내가 ~해도 괜찮을까?

어떤 일을 해도 되는지 상대에게 허락을 구할 때 쓰는 패턴이에요. Do you mind if I를 그대로 해석하면 "내가 ~하면 싫으니?"라는 뜻으로, 상대를 불편하게 하거나 방해할 수도 있는 행동에 대해 미리 허락을 구하는 말이 돼요. Do you mind if I 패턴 뒤에 해도 되는지 허락을 구할 일을 넣어 말해보세요.

무료 강의 및 MP3 바로 듣기

Step 1

Do you mind if I 패턴으로 미국인이 많이 쓰는 TOP 5 문장 따라 하며 말해보기

Do you mind if I go?
내가 가도 괜찮을까?
사용빈도 약 1,096,000회

Do you mind if I call you?
내가 너에게 전화해도 괜찮을까?
사용빈도 약 546,530회

Do you mind if I take a look?
내가 한 번 봐도 괜찮을까?
사용빈도 약 311,600회

Do you mind if I come?
내가 와도 괜찮을까?
사용빈도 약 301,400회

Do you mind if I sit here?
내가 여기 앉아도 괜찮을까?
사용빈도 약 123,750회

이런 말도 할 수 있어요.

Do you mind if I ________?

- **stay** 머무르다
- **borrow this** 이것을 빌리다
- **leave early** 일찍 떠나다

take a look (한 번) 보다

Step 2
이번에는 우리말만 보고 **Do you mind if I** 패턴으로 문장 말해보기

내가 가도 괜찮을까?	**Do you mind if I** go?
내가 너에게 전화해도 괜찮을까?	
내가 한 번 봐도 괜찮을까?	
내가 와도 괜찮을까?	
내가 여기 앉아도 괜찮을까?	
내가 머물러도 괜찮을까?	

Step 3
Do you mind if I 패턴이 들어간 실제 대화 따라 하며 말해보기

함께 일하는 사람에게
가도 되는지 허락을 구할 때

Michael **Do you mind if I** go?
내가 가도 괜찮을까요?

I finished my work for today.
오늘 할 일을 다 끝냈거든요.

Jessica Sure. Have a nice evening.
그럼요. 좋은 저녁 시간 보내세요.

<행오버>에서
봐도 되는지 허락을 구할 때

Stu **Do you mind if I** take a look?
제가 한 번 봐도 괜찮을까요?

I'm actually a doctor.
사실 저는 의사거든요.

Phil You're just a dentist.
넌 그냥 치과의사잖아.

Day 97

과거에만 했던 일이나 상태를 말할 때 쓰는 만능 패턴

I used to ~

나 예전에 ~했어

지금은 하지 않지만 과거에 했던 일이나, 지금은 아니지만 과거에는 어떤 상태였다고 말할 때 쓰는 패턴이에요. 이때 used to는 '예전에는 ~ 했었다'라는 의미예요. I used to 패턴 뒤에 과거에만 했던 일이나 상태를 넣어 말해보세요.

무료 강의 및 MP3 바로 듣기

Step 1

I used to 패턴으로 미국인이 많이 쓰는 TOP 5 문장 따라 하며 말해보기

I used to love her.
나 예전에 그녀를 사랑했어.
사용빈도 약 1,765,900회

I used to be one of those people.
나 예전에 그런 사람들 중 하나였어.
사용빈도 약 1,730,000회

I used to be a vegetarian.
나 예전에 채식주의자였어.
사용빈도 약 1,724,000회

I used to drink coffee every day.
나 예전에 커피를 매일 마셨어.
사용빈도 약 1,110,000회

I used to live here.
나 예전에 여기 살았어.
사용빈도 약 883,900회

이런 말도 할 수 있어요.

I used to ____________.

be afraid of the dark 어둠을 두려워하다
study hard 열심히 공부하다
jog every day 매일 조깅하다

vegetarian 채식주의자 afraid 두려워하는 jog 조깅하다

Step 2
이번에는 우리말만 보고 **I used to** 패턴으로 문장 말해보기

나 예전에 그녀를 사랑했어.	**I used to** love her.
나 예전에 그런 사람들 중 하나였어.	
나 예전에 채식주의자였어.	
나 예전에 커피를 매일 마셨어.	
나 예전에 여기 살았어.	
나 예전에 어둠을 두려워했어.	

Step 3
I used to 패턴이 들어간 실제 대화 따라 하며 말해보기

나의 과거 습관을 궁금해하는 사람에게
과거엔 커피를 매일 마셨었다고 말할 때

Michael **I used to** drink coffee every day.
나 예전에 커피를 매일 마셨어.

But I drink tea now.
근데 이제 차를 마셔.

Jessica That's good for you.
그게 너에게 좋지.

<슈렉>에서
과거엔 어둠을 무서워했었다고 말할 때

Fiona I'm afraid of the dark.
전 어둠이 무서워요.

I'd better go inside.
안에 들어가는 게 낫겠어요.

Donkey Princess. **I used to** be afraid of the dark, too.
공주님. 저도 예전에 어둠을 두려워했어요.

Day 98

무언가 기대된다고 말할 때 쓰는 만능 패턴

I look forward to ~

나는 ~이 기대돼

원하는 일이 일어나거나, 원하는 시점이 다가오는 것이 기대된다고 말할 때 쓰는 패턴이에요. look forward to는 '~을 기대하다'라는 의미예요. I look forward to 패턴 뒤에 기대되는 일을 넣어 말해보세요.

무료 강의 및 MP3 바로 듣기

Step 1

I look forward to 패턴으로 미국인이 많이 쓰는 TOP 5 문장 따라 하며 말해보기

I look forward to the summer.
나는 여름이 기대돼.
사용빈도 약 33,330,000회

I look forward to hearing from you.
나는 네 연락이 기대돼.
사용빈도 약 4,744,000회

I look forward to working with you.
나는 너와 함께 일하는 것이 기대돼.
사용빈도 약 1,785,000회

I look forward to my birthday.
나는 내 생일이 기대돼.
사용빈도 약 1,068,000회

I look forward to meeting you.
나는 너를 만나는 것이 기대돼.
사용빈도 약 808,500회

이런 말도 할 수 있어요.

I look forward to ________.

speaking with you 너와 이야기하는 것
your visit 너의 방문
your reply 너의 답장

hear from ~로부터 연락을 받다 reply 답장

Step 2
이번에는 우리말만 보고 **I look forward to** 패턴으로 문장 말해보기

나는 여름이 기대돼. **I look forward to** the summer.

나는 네 연락이 기대돼.

나는 너와 함께 일하는 것이 기대돼.

나는 내 생일이 기대돼.

나는 너를 만나는 것이 기대돼.

나는 너와 이야기하는 것이 기대돼.

Step 3
I look forward to 패턴이 들어간 실제 대화 따라 하며 말해보기

나처럼 추운걸 싫어하는 사람에게
여름이 기대된다고 말할 때

Michael I hate this cold weather.
나는 이렇게 추운 날씨가 싫어.

Jessica Me too.
나도.

I look forward to the summer.
나는 여름이 기대돼.

<나우 유 씨 미>에서
함께 일하는 것이 기대된다고 말할 때

Dray Agent Rhodes, **I look forward to** working with you.
Rhodes 요원님, 나는 당신과 함께 일하는 것이 기대돼요.

Rhodes I'm sorry.
죄송해요.

I don't think I'm going to need your help. OK?
당신 도움은 필요할 것 같지 않아요. 알겠죠?

Day 99

어떤 것을 생각해냈다고 말할 때 쓰는 만능 패턴

I came up with ~

내가 ~을 생각해냈어

아이디어나 해결책 등을 생각해냈다고 말할 때 쓰는 패턴이에요. came up with는 '~을 생각해냈다, 찾아냈다'라는 의미예요. I came up with 패턴 뒤에 생각해낸 것을 넣어 말해보세요.

무료 강의 및 MP3 바로 듣기

Step 1
I came up with 패턴으로 미국인이 많이 쓰는 TOP 5 문장 따라 하며 말해보기

I came up with a recipe.
내가 요리법을 생각해냈어.
사용빈도 약 18,109,400회

I came up with a plan.
내가 계획을 생각해냈어.
사용빈도 약 5,122,000회

I came up with the idea.
내가 그 아이디어를 생각해냈어.
사용빈도 약 3,781,000회

I came up with the answer.
내가 그 답을 생각해냈어.
사용빈도 약 2,393,000회

I came up with a solution.
내가 해결책을 생각해냈어.
사용빈도 약 1,510,000회

이런 말도 할 수 있어요.

I came up with ________.

an explanation 설명
some questions 몇 가지 질문
a new game 새로운 게임

recipe 요리법 solution 해결책 explanation 설명

Step 2
이번에는 우리말만 보고 **I came up with** 패턴으로 문장 말해보기

내가 요리법을 생각해냈어.	**I came up with** a recipe.
내가 계획을 생각해냈어.	
내가 그 아이디어를 생각해냈어.	
내가 그 답을 생각해냈어.	
내가 해결책을 생각해냈어.	
내가 설명을 생각해냈어.	

Step 3
I came up with 패턴이 들어간 실제 대화 따라 하며 말해보기

새로운 광고를 칭찬하는 사람에게
그 아이디어를 생각해냈다고 말할 때

Michael I love the design of this new advertisement.
나 이 새 광고 디자인이 너무 좋아.

Jessica Thanks.
고마워.

I came up with the idea.
내가 그 아이디어를 생각해냈어.

문제가 있는지 묻는 사람에게
해결책을 생각해냈다고 말할 때

Daniel Is there still a problem with that project?
그 프로젝트에 아직도 문제가 있어?

Emma No. **I came up with** a solution.
아니. 내가 해결책을 생각해냈어.

It's OK now.
이제 괜찮아.

Day 100

중요한 일을 당부할 때 쓰는 만능 패턴

Make sure ~

절대 ~하지 마 / 꼭 ~해

중요한 어떤 일을 꼭 하거나 절대 하지 말라고 당부할 때 쓰는 패턴이에요. make sure를 그대로 해석하면 "~하지 않는 것/~하는 것을 확실히 해."라는 뜻으로, "그 일을 절대 하지 마." 또는 "그 일을 꼭 해."라는 의미로 당부하는 말이 돼요. Make sure 패턴 뒤에 당부할 중요한 일을 넣어 말해보세요.

무료 강의 및 MP3 바로 듣기

Step 1

Make sure 패턴으로 미국인이 많이 쓰는 TOP 5 문장 따라 하며 말해보기

Make sure you don't forget.
절대 잊어버리지 마.
사용빈도 약 24,450,000회

Make sure you keep in touch.
꼭 연락하고 지내.
사용빈도 약 1,323,700회

Make sure you don't miss it.
절대 그것을 놓치지 마.
사용빈도 약 903,900회

Make sure it's safe.
꼭 안전에 유의해.
사용빈도 약 317,000회

Make sure you finish it.
꼭 그것을 끝내.
사용빈도 약 139,490회

이런 말도 할 수 있어요.

Make sure ______.

- **the door is locked** 문을 잠그다
- **turn off the oven** 오븐을 끄다
- **you arrive early** 일찍 도착하다

keep in touch 연락하고 지내다 miss 놓치다 locked 잠긴 turn off (전기·가스 등을) 끄다

Step 2
이번에는 우리말만 보고 **Make sure** 패턴으로 문장 말해보기

절대 잊어버리지 **마.**	**Make sure** you don't forget.
꼭 연락하고 지**내.**	
절대 그것을 놓치지 **마.**	
꼭 안전에 유의**해.**	
꼭 그것을 끝**내.**	
꼭 문을 잠**가.**	

Step 3
Make sure 패턴이 들어간 실제 대화 따라 하며 말해보기

함께 외출하는 사람에게
문을 잠그라고 당부할 때

Michael Shall we go?
우리 갈까?

Jessica Yes, let's go.
응, 가자.

Make sure the door is locked.
꼭 문을 잠가.

<겨울왕국>에서
안전하게 해달라고 당부할 때

Kristoff Get her warm and find Prince Hans, immediately.
그녀를 따뜻하게 해주고 한스 왕자를 찾아주세요, 당장이요

Make sure she's safe!
꼭 그녀가 안전에 유의하게 해주세요!

Kai We will. Thank you.
그렇게 할게요. 고마워요.

해커스톡 영어회화 10분의 기적 패턴으로 말하기

미국인이 가장 많이 쓰는 표현으로 원어민처럼 말하기

초판 12쇄 발행 2023년 6월 19일

초판 1쇄 발행 2018년 6월 29일

지은이 해커스 어학연구소
펴낸곳 (주)해커스 어학연구소
펴낸이 해커스 어학연구소 출판팀

주소 서울특별시 서초구 강남대로61길 23 (주)해커스 어학연구소
고객센터 02-537-5000
교재 관련 문의 publishing@hackers.com
동영상강의 HackersTalk.co.kr

ISBN 978-89-6542-265-5 (13740)
Serial Number 01-12-01